KB192917

새벽은 하나님께 집중하여
소명 의식을 새롭게 다지는
운명의 갈림길

결투를 앞둔 검사가
새벽에 칼을 벼리듯
그날의 영적 전쟁에 대비해
기도로 말씀을 벼리는 시간이다

새벽 순종

하 나 님 이 간 절 히 필 요 한 당 신 에 게

송준기

말씀의 검을 벼리는 기도

새벽 순종

마르지 않는 기쁨

예수님과의 영적 로맨스

대적의 궤계를 막는 기도

소명을 위한 기도

승리의 노래

쇠하르 기도

규장

새벽에 대해
알면서도 몰랐던 진실

*

새벽만 한 시간이 또 있을까!

일찍 일어나는 벌레는 죽는댔다. 그렇다면 나는 죽어야겠다. 예수 십자가 뒤에서 새벽 순교를 기다려야겠다. 새벽 말씀이 나를 조각조각 다 뜯어 먹기를 기대해야겠다. 이렇게 말하는 건 조금도 농담이 아니다. 새벽마다 하나님은 최고의 선물을 쏟아부어 주셨다. 하루 중 이보다 유익한 때란 없었다. 물론 지금도 그렇다.

새벽엔 혼자다.

아무도 나를 찾지 않는다. 방해받을 일이 하나도 없다. 새벽에 만나서 대화 좀 하자는 사람은 지난 48년간 단 한 명도 없었다.

새벽엔 일 효율이 높다.

더 적은 시간에 더 많은 일을 해낼 수 있다. 시간의 밀도가 높달까, 시간이 천천히 흐른달까. 아무도 없으니 집중하기도 좋다. 무얼 하든 그 일과 나, 둘만 있다. 주요 업무는 되도록 새벽에 한다.

새벽엔 뇌력(腦力)도 강하다.

자고 깬 뇌는 무엇이든 흡수할 만반의 준비가 되어 있다. 마치 경주장 출발선에 선 머슬카의 V8 엔진처럼 잠 깬 뇌도 으르렁거린다. 새벽마다 뇌는 파릇파릇한 청춘이다.

기도자는 새벽을 찾는다.

새벽은 하루 중 가장 효과적이고 소중한 시간이다. 그래서 훈련된 기도자들은 주로 새벽에 기도처를 찾는다. 이는 창조의 여정과 닮았다. 아침을 향해 저녁에 출발한다(창 1:5).

새벽기도자는 저녁부터 준비한다.

저녁 식사를 적게 하거나 아예 안 먹기도 한다. 혹은 저녁에 휴대전화를 치워버리기도 한다. 이는 수면의 질을 높이기 위한 새벽기도자들의 공통적인 습관이다. 그들은 새벽이 아닌 저녁에

절제한다. 마치 임무가 주어진 군인처럼 행동한다. 그리고 하루 중 가장 위대한 업무가 자신을 기다리고 있음을 의식하며 잠에서 깬다. 파수꾼마냥 어두울 때 일어난다. 새벽 순종은 저녁부터 시작된다.

기도는 하나님과의 독대다.
예수님의 이름으로 하나님 아버지와 대화하는 것이다. 그 거룩한 일에 다른 불순물이 끼어들지 못한다. 둘이 한 몸이라는 부부조차 기도할 때만큼은 떨어져야 한다(고전 7:5). 하나님과 나, 둘뿐이어야 하니까. 하나님 외에 아무것도 섞인 것이 없어야 하니까.

'거룩'의 구약적 의미는 '구별'이다.
새벽만큼 구별된 시간은 하루 중 없다. '구별'의 동의어는 '홀로 됨'이다. 예수님은 기도하기 위해 홀로 되셨다(눅 5:16). 하나님을 만나기 위해 사람들을 떠나 스스로를 구별하셨다. 이른 새벽 외딴 곳으로 가셨다(막 1:35). 은밀한 기도, 골방 기도를 가르치셨다(마 6:6). 말뿐 아니라 모범을 보이셨다(요 6:15). 예수님의 기도는 하나님과 독대하기 위해 홀로 구별되어 드리는 거룩한 행위였다. 만일 '새벽기도'라는 색깔이 있다면, '구별', '홀로', '거룩'이라는 세 가지 색의 합일 것이다.

구별

새벽기도

홀로   거룩

소명자는 기도한다.

예수님을 믿고 따르는 사람을 '성도'라 한다. 성도의 소명은 예수님과 동행하는 것이다(요 15:1-5). 그런 의미에서 성도는 '소명자'다. 소명자는 기도로 소명을 이룬다. 하나님이 주신 소명을 기도 외에 다른 방법으로 이룰 순 없다. 교회의 모태는 기도였고(행 2:42), 기도로 지탱되었으며(행 6:4), 기도로 마무리될 것이다(계 5:8, 8:3,4). 기도란 소명자에게 요구되는 하나님과의 독대 임무다.

소명자에게는 기도 모범이 있다.

바로 '예수님의 기도', 방해받지 않는 시간과 장소를 선별하여 드리는 기도다(눅 5:16). 소명자는 예수님을 따라 스스로 구별되어 하나님과 독대한다. 언제 이런 시간을 보낼 수 있을까? 새벽이다. 아무도 없고, 주께 오롯이 집중할 수 있으며, 뇌가 깨어

나는 새벽이야말로 소명자의 시간이다. 소명자는 새벽에 완성된다.

나는 목사이기 전에 예수님의 제자다.

예수님을 믿고 따르는 일이 내 소명이다. 내 인생의 목적은 목사가 아니라 예수님이다. 목양은 예수님을 따르는 소명에서 파생된 하나의 효과일 뿐이다(마 4:19). 나는 예수님을 따르는 엄중한 소명을 받았다. 목사든, 신자든, 불신자든 이 소명에서 자유로울 사람은 없다. 모르고 살 뿐, 안 받은 자는 없다(요 3:16). '예수 따르는 소명'에 예외는 없다(요 1:3-5).

이 책을 펼친 당신은 분명 소명자일 것이다.

기도하려고 몸부림치는 신자일 것이다. 자신이 소명자임을 이미 각성했을 것이다. 그런 당신과 함께 성경을 펼쳐보고 싶다. '새벽기도'라는 주제로 장절을 넘나들며 다음 세 가지를 확인하고 싶다. 왜 새벽이어야 하는지, 어떻게 새벽을 깨우는지, 무엇을 새벽에 기도해야 하는지. 이와 관련한 예수님의 기도 모범과 성경의 안내, 그리고 신약 교회의 전통을 살펴볼 것이다.

새벽은 하나님께 집중하여 소명 의식을 새롭게 다지는 운명의 갈림길, 결투를 앞둔 검사가 새벽에 칼을 벼리듯 그날의 영적 전쟁에 대비해 기도로 말씀을 벼리는 시간이다.

당신을 새벽 순종으로 안내한다.

───○ 당신에게 새벽기도란 무엇인가요? ○───
새벽 순종을 시작하는 다짐을 적어보세요.

저자의 말

PART
3

무엇을 기도할까?

올바르게 기도하려면
하나님을 소망과 전부로 삼아야 합니다.
올바른 기도는 하나님 외에는 중요하거나
염려할 가치가 있는 것은 아무것도 보지 않습니다.

존 번연

PART

1

왜 새벽이어야 할까?

chapter 1

엄마의 새벽

✳

파수꾼이 아침을 기다림보다 내 영혼이 주를 더 기다리나니
참으로 파수꾼이 아침을 기다림보다 더하도다 시 130:6

아빠는 금방 올 거야

새벽 5시, 김포공항 출국장은 한산했다. 온 가족이 쿠
웨이트로 가는 아빠의 출국 길을 배웅하고 있었다. 할머니
가 아빠를 붙들고 울먹였다. 아빠가 말했다.

"아니, 사람 죽으러 가요?"

할머니를 밀어내며 아빠는 더블백을 잠시 내려놨다. 그
러고는 쪼그려 앉아 내게 말했다.

"준기야. 이 집에서 남자는 너뿐이다. 아빠 올 때까지 집
잘 지키고 있어. 네 엄마랑 할머니랑 동생, 잘 지켜야 해."

나는 화난 표정으로 아빠에게 말했다.

"언제 올 건데요?"

"엄마 말씀 잘 듣고, 공부 열심히 하고, 교회 잘 다니고 있으면 금방 돌아올게."

아빠는 한쪽 눈을 찡긋 감았다 뜨며 내게 약속했다. 또 내 이마에 뽀뽀를 하고는 꼭 안아주었다.

나는 그제야 울음을 터뜨렸다. 엄마도 덩달아 눈시울이 붉어졌다. 서로 내외하던 엄마 아빠는 그날만큼은 손을 꼭 잡고 놓지를 못했다. 지켜보던 할머니가 둘을 떼어놓으며 엄마에게 버럭 엄포를 놓았다.

"식짢은 가시나이가 어데 재수없게 울어쌌노!"

차마 엄마에게 눈길을 못 떼는 아빠에게 할머니가 소리쳤다.

"고마 어여 드가라!"

이내 아빠는 출국 심사대 문 뒤로 사라졌다. 할머니는 담배를 꺼내 불을 붙였다. 바깥은 깜깜했고, 엄마는 연신 눈물을 훔쳤다. 나는 엄마의 눈물을 닦아주며 말했다.

"엄마, 걱정 마. 아빠가 약속했어. 내가 엄마 말 잘 듣고, 공부 잘하고, 교회 잘 다니고 있으면, 아빠는 금방 올 거야."

내 나이 여덟 살이었다.

담 넘어 다닌 새벽기도

엄마는 전북 완주군 이서면에서 태어났다. 외가 식구들은 농부였다. 일궈야 할 땅은 넓었다. 외할아버지는 일찍 돌아가셨고, 홀로 육 남매를 키우던 외할머니는 부지런하셨다.

그 동네 여자 아이들은 학교에 다니지 않고 어려서부터 부모를 도와 농사를 지었다. 엄마도 다섯 살 때부터 나이 차가 많이 나는 오빠들과 함께 논으로 밭으로 일하러 다녔다. 삼촌들은 작업 반장이었다.

어느 날, 백인 선교사 부부가 이서면으로 이사를 왔다. 모내기가 한창일 때, 두 부부는 엄마에게 복음을 전했다. 이후 엄마는 그들이 주최한 여름성경학교에 가서 예수님이 자신을 어떻게 구원하셨는지를 듣고, 믿게 되었다.

그 선교사 부부는 엄마를 학교에 보내주었다. 덕분에 엄마는 국민학교를 1년쯤 다닐 수 있었다. 하지만 일손 부족으로 화가 난 삼촌들이 학교에 들이닥쳐 엄마를 끌고 나오는 바람에, 이후 엄마는 두 번 다시 학교에 갈 수 없었다.

엄마는 교회에 가는 것도 싫어하는 삼촌들 때문에 주일에 몰래 교회에 가서 예배를 드렸다. 그런데 하루는 예배

새벽 순종

중에 삼촌들이 쳐들어와 엄마를 다시 밭에 데려다 놓았고, 어린 엄마는 뭇매를 맞았다. 오빠들 눈에 예배드리는 여동생의 모습은 게을러 보일 뿐 아니라 놀러 다니는 것처럼 보였을 것이다.

당시 동네 여자들은 새벽 4시부터 일했다. 남자들은 일 끝난 저녁에 술 마시는 게 일과였고, 아침 6시쯤 일을 시작했다. 그래서 엄마는 새벽 3시쯤 일어나 미리 일을 해두고는, 새벽기도를 하러 몰래 교회에 다녀오곤 했다. 새벽은 두들겨 맞지 않고 예배 드릴 수 있는 유일한 시간이었다. 그렇게 10년을 살았다.

청소년기에 엄마는 가출을 했다. 외할머니는 삼촌들 몰래 딸의 가출을 도왔다. 엄마는 서울의 한 옷 공장에 취직해서 막내 여동생이라도 교회와 학교에 다닐 수 있도록 돈을 보내줄 요량이었다.

주 7일 근무에 주 4회는 새벽 1,2시까지 재봉틀 작업을 하면서도, 엄마는 새벽을 깨웠다. 교회에 가서 예배드릴 시간, 하나님께 기도할 시간이 새벽밖에 없었기에, 굳게 닫힌 기숙사 문 대신 담을 넘으며 하루도 빠짐없이 새벽기도를 했다.

공장 기숙사에 살던 소녀는 예수님을 사모했다. 그녀가

가진 것은 예수님뿐이었다. 그래서 새벽은 그녀의 전부였다. 예수님과 대화할 하루 시간의 전부, 하나님의 전에 엎드려 흘리는 하루 눈물의 전부, 하나님께 드릴 수 있는 하루 예배의 전부. 그녀에게 새벽 말고는 아무것도 없었다.

아빠의 빈자리

어려서부터 새벽이 전부였던 엄마는 아빠가 출국한 다음 날 새벽부터 간절히 기도했다. 기도 제목은 세 가지였다.

첫째, 남편의 건강을 위해 기도했다.

둘째, 남편 없이 남은 식구들을 먹여 살릴 힘과 지혜를 달라고 기도했다.

셋째, 자식들에게 하나님이 직접 아빠가 되어주시길 기도했다.

그러나 몇 년을 기도해도, 어느 것 하나 기도한 대로 이뤄지지 않았다. 다만 엄마는 새벽에 하나님을 독대하는 시간을 온전히 얻었다. 그 시간으로부터 종일, 성령님이 주시는 평강과 은혜와 기쁨을 누렸다.

아빠가 떠난 지 3주 만에 해외에서 편지가 왔다. 그 뒤로 1주일에 한 번씩 아빠의 손편지가 도착했다. 겉 봉투를

뜯으면 속 봉투가 3개 들어 있었다. 하나는 엄마, 하나는 할머니, 하나는 나와 여동생에게 쓴 편지였다.

엄마는 자기에게 온 편지를 가족들에게 보여주지 않았다. 나와 여동생은 그 내용이 궁금해서 집에 아무도 없을 때 장롱 서랍을 뒤져 편지를 몰래 읽었다. 아빠는 엄마에게만 몸이 아픈 것을 알렸다. 쿠웨이트에 도착하자마자, 물갈이로 아무것도 못 하고 사흘을 내리 누워 지냈다는 얘기가 엄마의 편지에만 적혀 있었다.

아빠가 떠나고 몇 년간 우리 집은 몹시 가난했다. 무허가 판자촌에 있는 산동네 집들을 한두 달에 한 번씩 옮겨 다녔다. 떠돌다 보니 식구들은 병약했다. 특히 영양실조와 결핵에 시달리는 국민학생 아들 때문에 엄마는 고생이 많았다. 아침에는 건물 청소, 낮에는 배달, 밤에는 식당에서 일했다. 그럼에도 세 식구가 먹고살기에는 궁핍했다.

가난이 길어지자, 나는 아빠의 부재에 대한 원망이 점점 커졌다. 그렇게 수년이 지나자 그만 비뚤어지고 말았다. 아빠가 이제 와서 약속을 지킨다 해도 소용없게 느껴졌다. 반항심에 아빠와 한 약속과 정반대로 살았다. 엄마 말을 듣지 않고, 교회 선생님들에게 밉게 굴고, 공부는 내팽개치고, 교회에서는 예배 훼방자가 되었다.

간절한 기도

88 서울올림픽이 있던 해로 기억한다. 하루는 엄마가 아파서 일을 못 나가고 집에 누워 있었다. 나는 종일 엄마를 괴롭히는 질문을 던졌다.

"아빠는 대체 언제 오는 거야?"

삐딱하게 질문하는 내게 엄마가 아빠의 약속을 디밀었다.

"응, 네가 엄마 말 잘 듣고, 공부 열심히 하고, 교회 잘 다니면…."

나는 엄마 말을 중간에 끊고 소리쳤다.

"거짓말! 그래도 안 오잖아!"

그리고 뛰쳐나갔다. 화가 나서 골목길에 굴러다니는 조약돌을 집어 아무 데나 던졌다. 높게 날아간 돌은 다른 집 담장을 넘어 장독을 깨뜨리고 말았다. 덕분에 간장 한 독을 망치고 만 집 주인은 성난 표정으로 내게 달려들었고, 나는 빗자루로 흠씬 두들겨 맞았다. 그 소식을 들은 엄마는 가뜩이나 없는 살림에, 장독 값을 고스란히 물어주어야 했다.

그길로 엄마는 내 손을 잡고 산꼭대기에 있는 판자촌 천막 교회에 올랐다. 밤이 되도록 기도하는 엄마 곁에서 나는 잠이 들었다. 이따금 엄마의 우는 소리에 눈을 떴다. 흐느끼는 그 목소리가 아직도 귓전에 맴돈다.

"아버지, 제가 이 아들을 어떻게 키웁니까! 하나님 아버지가 아빠가 되어주세요. 제겐 힘도 없고 능력도 없으니, 하나님이 이 아이의 아빠가 되어주세요…."

아빠, 저 왔어요

수년간 엄마의 새벽기도를 보고 들었지만, 쉽게 잊었다. 계속 엇나갔다. 그런데 몇 년 뒤, 영적 변화가 찾아왔다. 예수님이 나를 만나주신 것이다. 하나님의 은혜였다.

그분을 만나고, 나는 비로소 하나님이 내 아버지이심을 믿게 되었다. 그러자 더 이상 아빠와 엄마에게 화가 나지 않았다. 지켜지지 않은 아빠의 약속 대신 예수님의 영원한 약속을 얻었기 때문이었다. 예수님 안에서 하나님이 나의 아빠셨다.

영접하는 자 곧 그 이름을 믿는 자들에게는
하나님의 자녀가 되는 권세를 주셨으니 **요 1:12**

첫 변화는 새벽에 일어났다. 나는 새벽마다 기도하는 엄마를 따라 교회에 갔다. 기도하는 엄마의 목소리가 내 기도 모델이었다. 보고 듣고 따라 하며 매일 새벽 제단을 쌓았다.

지난 수십 년간, 나는 새벽마다 창조주 하나님이 나의 아빠라는 사실에 압도당했다. 영적 아빠는 나와 항상 함께 계셨다. 그때나 지금이나 새벽은 아빠 하나님과 만나는 시간이다.

예수님을 믿기 전에는 새벽기도를 왜 하는지 알 길이 없었다. 일도 많고, 잘 시간도 부족한 엄마가 왜 굳이 새벽을 깨우는지 도무지 이해하질 못했다. 기도해봤자, 아빠가 돌아오는 것도 아닌데.

하지만 예수님을 만난 뒤 전부 이해되었다. 엄마에게 진정한 기도 응답은, 새벽기도만 남은 그 상황이었다. 하나님을 의지하는 것 외에는 아무것도 남지 않은, 그 처절한 상태보다 더 큰 복은 없었다.

하나님께 몰입하는 엄마의 갈급한 마음은 빈부귀천을 뛰어넘는 매우 특별한 선물이었다. 이 깨달음이 새벽에 내게도 임했다.

새벽의 재발견

엄마를 통해 나는 분명히 봤다. 타국 만리에 떨어진 남편의 건강을, 새벽에 하나님이 지키셨다. 먹고사는 일을, 새벽에 하나님이 책임지셨다. 자녀 양육도, 새벽에 하나님이 도우셨다. 그리고 환경과 기도 응답을 초월하는 하나님의 거룩이 새벽마다 엄마에게 임했다.

예수님을 믿은 직후, 나는 엄마 곁에서 새벽기도를 목격했다. 그 목적을 배웠다.

새벽이란, 예수님 외에 아무것도 남지 않은 자들이 깨어나는 시간이다. 샛별이 달처럼 빛날 때, 눈물의 기도자들이 찬바람을 몰고 와 기도실로 모여드는 시간이다.

삶의 무게를 한껏 짊어진 자의 간구가 죽어가는 짐승의 거친 숨소리처럼 하늘 아버지를 향해 울려 퍼지는 시간이다. 모든 고통을 초월하는 거룩하신 하나님의 임재가, 울부짖는 기도자들 위로 덮이는 시간이다. 새벽은 기도의 시간, 교제의 시간이다.

어른이 되고 목사가 되니 새벽이 더욱 소중했다. 하나님께 기도로 모든 걸 아뢰며 그분과 깊이 대화할 시간이 새벽뿐이었다. 어려서부터 새벽마다 기도해 온 습관은 내게 큰 도움이 되었다.

새 / 벽 / 노 / 트

당신에게도 기도 스승이 있나요? 그 분이 누구인지 소개한다면,
뭐라고 말할 것 같나요? 그 분의 어떤 모습을 본받고 싶나요?

'새벽기도'의 첫 기억을 떠올려보세요. 당시의 상황과 느낌이 어땠나요?

새벽 외에는 기도할 시간이 없던 때가 있었나요?

────────────○ 이 새벽, 하나님이 주신 마음을 적어보세요 ○────────────

(chapter 2)

낮이나 밤이 아닌 이유

✳

땅과 거기에 충만한 것과 세계와 그 가운데에 사는 자들은
다 여호와의 것이로다 시 24:1

낯선 내 모습

사역 일정이 몰려 있던 한철을 보낸 후, 아내와 나는 모
처럼 단둘이 외식하기로 했다. 간만의 외출에 한껏 들뜬
우리는 꽃단장을 하고 함께 거울 앞에 섰다.

내 모습이 낯설었다. 아내에게 물었다.

"여보, 나 원래 이렇게 생겼었어?"

아내는 나를 한참 바라본 후에 말했다.

"응, 똑같은데. 왜, 뭐가 달라?"

내 눈엔 머리가 더 커진 것 같고, 눈은 더 작아진 것 같
았다.

"내가 이렇게 대두였나?"

아내는 조금의 망설임도 없이 답했다.

"응!"

피식 웃음이 새어나왔다.

우리는 식당에 도착해서 이날을 기념하기 위해 휴대전화로 '셀카'를 찍었다. 그제야 화면에 익숙한 내 얼굴이 보였다. 그리고 깨달았다.

'자동 보정…!'

카메라에 탑재된 자동 보정 기능 때문에, 화면에 찍힌 모습과 거울에 비친 모습이 달랐던 거였다. 그동안 보정된 사진 속 나를 봐오다가 오랜만에 거울 속 나를 보니 어색할 수밖에. 가짜에 익숙하니, 진짜가 낯설어 보일 수밖에. 휴대전화 속 나와 실제의 나는 꽤나 달랐다. 순간, 기도에 관한 생각이 떠올랐다.

'기도에도 거울 기능이 있다! 기도는 내 모습을 있는 그대로 보여준다!'

기도하면 하나님을 더 알게 된다. 그분에 대한 지식은 '하나님이 바라보시는 나'라는 실체를 보게 한다. 이것이 기도하기 전과 후의 내가 다른 이유다.

테필라, 내 실체를 마주하다

기도는 히브리어로 '테필라'(תְּפִלָּה)다. 사전적 의미는 하나님의 말씀 앞에 서서 '자기 자신을 살펴보다'이다. 테필라는 거울 기능을 한다. 하나님 앞에 서면 영적 객관화 작업이 이뤄진다. 가짜가 사라지고, 실체가 드러난다.

'새벽'이라는 물리적 시간은 영적으로도 의미가 깊다. 새벽은 어둠을 서서히 밝히는 밤과 아침의 교차점이다. 새벽기도는 영적 어둠에서 빛으로 나아가는 일종의 전환점이다. 하나님의 말씀 앞에서 '자기 자신이 진정 누구인지'가 서서히 드러나는 과정이다.

새벽기도를 할 때 우리는 하나님의 말씀 앞에 서게 된다. 거기서 자신이 진짜로 누구인지를 깨닫는다. 그러면 하나님께 나아가는 자세가 바뀐다. 기도의 올바른 태도를 갖게 된다.

기도란 내 원함을 내 방식으로 얻어내는 미신적 주술 행위가 아니다. 그 전에 우리는 기도를 통해 자기 뜻을 하나님께 주장할 만큼 대단한 존재가 아니다. 하나님께는 기도자의 요청을 들어줄 의무가 없으시다. 물론 하나님은 기도자의 소원과 간구를 들으신다. 그건 그분의 결정이다. 우리가 요구할 수 있는 영역이 아니다. 기도자의 궁극적

목표는 '나의 소원'에서 출발하여 종국에는 '하나님 자체'를 얻는 것이다.

기도하는 새벽은 어둠을 서서히 걷어낸다. 기도란 마치 빛 앞에 어둠이 물러가는 모습과 같다. 기도자는 하나님의 말씀 앞에 벌거벗겨진다.

새벽만큼 좋은 때가 없다

예수님을 따르는 제자는 성경 말씀을 붙잡는다. 성경에는 예수님의 기도 모범이 나온다. 그에 따르면, 기도란 분리(구별)되어 하나님과 독대하는 것이다.

하나님의 크심과 존귀하심을 생각하면, '구별됨'은 기도자의 마땅한 태도다. 그분과 독대하는 구별된 시간, 장소, 마음이 필요하다. 이 세 가지 구별 요소는 모두 '예수님의 새벽기도 모범'으로부터 왔다. 새벽기도만큼 기도의 성경적 핵심을 잘 보여주는 기도 방법도 없다.

우선 새벽은 시간적으로 구별된다. 대개 그 시간에는 혼자다. 아무도 나를 찾지 않을뿐더러 대부분이 잠들어 있다. 하루 중 이때만큼 자기 자신을 하나님께 구별하여 드릴 수 있는 시간이 또 있을까. 물론 정오나 밤 시간도 좋지만, 새벽의 신학적 함의를 생각해 보면(후에 다루겠다) 새벽이 더 좋다. 또한 새벽만큼 장소와 마음을 구별할 수 있는 시간대도 없다. 새벽은 하루 중 가장 인적이 드물고, 그렇기에 구별된 장소를 찾기가 쉽다. 게다가 마음의 상태도 (밤늦게까지 일정이 있거나 밤을 샌 경우를 제외하면) 하나님께 구별하여 드리기 가장 좋은 때다.

새벽만큼, 기도의 성경적 중요성을 체화하고 훈련하기 좋은 기도 시간은 없다.

시간의 주인은 하나님

쉽게 잊는 진리가 있다. 세상 모든 것이 하나님의 것이라는 사실이다(시 24:1). 바람도 별도 달도, 바다와 땅에 있는 모든 것도 어느 것 하나 내 것이 없다. 모두 하나님께 속했다. 우리는 하나님이 임시로 맡겨주신 것들을 지니고 살아간다. 그러나 대부분의 시간에 하나님을 잊고 살기에 소유권에 대한 진실 역시 쉽게 잊는다.

이와 관련한 예화가 있다. 한 설교자에게 어린 딸이 있는데, 그는 종종 딸에게 과자를 사주었다. 하루는 그가 딸에게 과자를 1개만 달라고 했다. 딸은 한참을 고민하다가 마지못해 봉지에서 하나를 꺼내 아빠에게 주었다. 과자를 사준 사람이 아빠임을 까맣게 잊고서.

하나님 아버지 앞에서 내 모습이 이 아이와 같지 않은가? 내가 가진 모든 것이 하나님의 것이다. 그럼에도 내 것인 양 쥐고 있으려 한다. 하나님께 드리기 아까워한다. 여기에는 시간도 포함된다. 우리는 주어진 시간이 하나님의 것임을 잊고 살아간다.

성경은 이러한 망각을 안타까워하며 소유권을 분명히 말씀한다. 그중 하나가 구약의 "첫 열매"에 관한 말씀이다 (출 23:16, 34:26). 첫 열매란 '마땅히 하나님께 드려야 하는 거룩히 구별된 것', 곧 '코데쉬 순종'이다('거룩'의 구약 용어는 '코데쉬'이며, 그 뜻은 '구별'이다).

첫 열매를 하나님께 바치는 행위는 소유권에 관한 성경적 진실을 실제화하고, 코데쉬가 무엇인지를 배우는 과정이다. 말하자면 아래와 같은 신앙 고백을 함으로써, 하나님께 모든 것이 속했다는 진리가 영혼에 새겨진다.

'내가 가진 모든 것 중에서 가장 대표적이고 소중한 첫 열매를 하나님께 왜 드려야 할까? 그렇지! 이것은 원래 하나님의 것이지! 알고 보면, 드리지 않은 모든 것도 역시 하나님의 것이지!'

첫 열매와 십일조

이러한 첫 열매에 관한 생각은 구약 예배자들의 핵심 철학이자 신앙이었다. 첫 열매에 예외는 없었다. 첫아들조차 하나님의 것이었고, 개인뿐 아니라 공동체에도 동일하게 적용했다. 이스라엘 민족 중 한 지파는 하나님의 것으로 구별해 드려야 했다(민 3:12,13, 8:16,17).

첫 열매를 드리는 건, 빼앗기는 게 아니라 축복이었다. 이를 통해 소유권이 누구에게 있는지가 더욱 분명해졌기 때문이다. 내가 가진 것이 누구의 것인지 확실히 아는 사람은 진정한 부를 누렸다(말 3:10-12). 물질적 부와 정신적 부뿐 아니라 영적인 부도 누렸다(약 1:18).

첫 열매의 헌신은 십일조 사상과 직결된다. 십일조는 하나님의 의도가 담긴, 거룩히 구별된 예배로서 소유의 10분의 1을 바치는 행위다. 숫자 10은 완전수이므로, '내가 가진 10개'란 모든 것을 의미한다. 그중 가장 좋은 첫 번째 것, 첫 열매를 하나님께 드리는 행위가 십일조다.

십일조를 통해 죄인은 소유권의 질서를 반복해서 천명했다. 십일조는 주로 첫 열매로 드렸다. 이때 헌금자는 자신이 하나님께서 이 땅에 세우신 대리 통치자이며 청지기임을 상기했다(창 1:26-30).

이처럼 첫 열매와 십일조는 신학적으로 동질이다. 둘 다 하나님께 바치는 '소유의 구별'로서, 코데쉬를 배우는 신앙 훈련이다.

소유권을 잊으면 염려한다

진정한 부는 물질을 소유하는 데 있지 않다. 본래 부의 모습은 부자 주인의 소유를 일시적으로 맡아 관리해 드리는 것이었다(눅 19:16). 이 일을 하는 사람을 신약 시대 용어로 '청지기'라고 불렀다.

청지기는 주인의 뜻에 맞게 맡은 재물을 관리하는 지혜가 있어야 한다(눅 19:22-27). 지혜란 올바른 지식을 행하는 힘이다. 만약 청지기가 소유물에 대한 주인의 소유권을 잊는다면, 그는 악하고 게으르다는 평가를 받으며 허무한 인생으로 전락하고 만다(마 25:26, 눅 12:20).

청지기가 임시로 맡은 주인의 소유 중에는 단연 '시간'도 있다. 청지기에겐 시간도 제 것이 아니다. 주인의 것이다. 그러니 시간 역시 지혜롭게 관리해 드려야 한다.

모든 크리스천은 그리스도를 구주로 믿는 영적 청지기다(고전 7:22). 그런 우리에게 성경은 염려 금지를 선언한다.

　　　　　새벽 순종

염려의 출처는 망각이다. 참된 소유권을 잊을 때 염려가 올라온다. 시간도 마찬가지다. 시간의 소유권은 그리스도께 있다. 영적 청지기인 우리는 인생의 모든 시간을 주인이신 그리스도를 위해 지혜롭게 써야 한다.

시간의 첫 열매

용서받은 죄인인 우리는 시간에 대해서도 잘못된 소유권을 주장하기 쉽다. 내게 주어진 모든 시간이 마치 내 것인 양 착각한다. 오늘 있다가 내일 아궁이에 던져질 들풀 하나까지도 하나님이 돌보시는 그분의 소유물이다(마 6:30). 온 세상 어디에도 내 것은 없다. 시간마저도.

내일 무슨 일이 일어날지 우리는 모른다. 그럼에도 내일 일을 염려하는 건 본성 때문이다. 하나님의 은혜로 용서받고 새사람이 되었지만(고후 5:17), 죄의 관성에 따라 자고 일어나면 어느새 본성으로 돌아가 있다. 그래서 영의 훈련이 필요하다.

십일조는 영성 훈련이다. 내 것이 내 소유가 아니라는

자기 부인이자, 내가 하나님의 것이라는 신앙 고백이다. 같은 맥락에서 '시간의 십일조'를 드리는 훈련도 필요하다. 내게 주어진 시간의 첫 열매를 하나님께 따로 떼어 거룩히 구별하여 드리는 것이다.

첫 열매는 모든 것 중 가장 좋은 것이어야 한다. 조금이라도 훼손되거나 오염된 것으로 대체해서는 안 된다. 그렇다면, 시간의 첫 열매란 하루 중 언제일까?

이에 대해 성경은 그 시작부터 분명히 말씀한다.

저녁이 되고 아침이 되니 이는 첫째 날이니라 **창 1:5**

하나님의 창조가 마무리되고, 피조물이 누리는 첫 시간은 저녁도, 밤도 아닌 아침이다. 아침은 피조물에게 하루의 시작을 나타낸다. 시간의 첫 열매는 바로 아침이다.

새 / 벽 / 노 / 트

하나님께만 거룩히 구별된, 시간과 장소와 마음이 있나요?
없다면 지금 정해보세요.

시간 : _____

장소 : _____

마음 : _____

인생의 시간이 모두 하나님의 것임을 새벽마다 고백한다면,
삶이 어떻게 바뀔 것 같나요?

당신에게 맡겨주신 하나님의 시간을 어떻게 관리해 드리고 있나요?

───────○ 이 새벽, 하나님이 주신 마음을 적어보세요 ○───────

chapter 3

독보적 유익

✳

너는 마음을 다하여 여호와를 신뢰하고 네 명철을 의지하지 말라
너는 범사에 그를 인정하라 그리하면 네 길을 지도하시리라 잠 3:5,6

사장의 새벽

나는 커피숍과 베이커리를 약 5년간 운영했다. 가게 오
픈은 오전 8시였지만, 새벽부터 일했다.

영업을 위한 준비 업무가 족히 백 가지쯤 됐다. 대표적인
건 청소로, 하루 두 번, 1시간가량 걸렸다(화장실 청소는 별
도). 사실 청소가 가장 쉬웠다. 이후 심혈을 기울여야 하는
업무가 줄지어 기다리고 있었다.

우선 지난 밤 발효를 위해 준비해 둔 통밀 반죽을 성형
하고 재숙성하는 데 2시간이 걸렸다. 다른 메뉴 준비는 별
도로 시간이 필요했다. 커피 준비도 할 일이 많았다. 메뉴

에 따라 필요한 재고품도 일일이 확인해야 했다. 매출 관련 준비도 하루 두 번, SNS와 스마트스토어로 밤새 들어온 주문 확인, 배달 준비, 각종 용기와 재료 준비, 복장과 용모 정돈, 주차장 상태 확인, 모든 전원 스위치와 전자 기기 작동상태 점검, 화장실 청소… 참, 화장실 이야긴 아까 했다.

아무리 빨리 움직여도, 이 모든 준비를 위해서는 최소 3시간이 걸렸다. 그러니 매장 오픈 시간에 맞춰 출근했다간 큰일이었다. 해 뜨기 전에 도착해야 준비 업무를 오픈 전에 끝마칠 수 있었다.

이 새벽 시간이 하루 중 가장 높은 집중력을 요구했다. 착오가 있으면 그날 영업을 망칠 수도 있었다.

부지런함을 체득한 5년

자영업자로서 매일같이 시달려 보고 나서 배운 지혜가 있다. 바로 '부지런함'과 '새벽 준비'에 관한 지혜였다.

부지런함이란 '타이밍'을 포함한 개념이었다. 새벽에 일해야 아침에 영업을 개시할 수 있었다. 그러니 부지런함이란 단지 일을 바쁘게, 많이 하는 게 아니었다. '제때, 제 일을, 순서대로 하는 것'을 뜻했다.

또한 부지런함은 '보이지 않는 일'과 관련이 있었다. 가게 영업은 오전 8시부터 눈에 보였다. 이를 위해 선행되어야 하는 새벽일은 손님에게도, 종업원에게도 보이지 않았다. 그러므로 부지런함이란 '보이지 않는 곳에서 묵묵히 집중하여 준비하는 것'임을 배웠다.

나는 5년간 하루도 빠짐없이 새벽 업무를 반복하면서, 부지런함의 진정한 의미를 체득했다. 이 경험을 토대로 성경이 말씀하는 '연단'에 대해서도 묵상하게 되었다.

> 망령되고 허탄한 신화를 버리고
> 경건에 이르도록 네 자신을 연단하라
> 육체의 연단은 약간의 유익이 있으나
> 경건은 범사에 유익하니
> 금생과 내생에 약속이 있느니라 **딤전 4:7,8**

위 말씀에 등장하는 "연단"(鍊鍛)은 '단련'(鍛鍊)과 동의어다. 그 사전적 의미는 "쇠붙이를 불에 달군 후 두드려서 단단하게 함"이다. 이것은 "어떤 일을 특정 목적을 위해 반복하여 익숙하게 되기까지 수행하는 상태"를 말한다.

새벽 순종

커피숍 사장으로서 수행한, 5년간 새벽 3시간씩의 연단은 '부지런함'이라는 결괏값을 안겨주었다. 그렇다면 새벽기도는 어떨까? 만일 내가, 사장 이상의 책임감으로 기도의 목적(구별된 존재로서 하나님을 독대함) 달성을 소망하며, 5년간 매일 3시간씩 새벽기도를 연단했다면, 내 영성은 어떻게 변화되었을까!

5년간의 육체의 연단조차 부지런함을 체득하는 가치가 있는데, 경건을 위한 영적 연단은 얼마나 더 가치 있을까!

새벽기도로 연단된 사람들

감사하게도, 이에 답해 줄 영성의 대가(大家)들이 기독교 역사에 수두룩하다. 오랜 경건 훈련과 신앙의 지속적 연단을 통과한 영적 대가들 말이다. 그들은 모두 새벽기도자였다.

감리교 창시자 존 웨슬리(John Wesley)의 '새벽 4시 기도 습관'은 잘 알려져 있다. 웨슬리의 새벽기도가 알려진 계기는, 그가 대학생 시절에 만든 '홀리 클럽'(Holy Club)이라는 모임에서였다. 그 모임은 새벽에 모여 기도하고 말씀을 나누는 것으로 시작하여, 이후 영국 사회의 영적 대각성운동으로 확장되었고, 더 나아가 세계에서 두 번째로 큰 교단인 감리교단이 되었다.

웨슬리는 새벽기도를 매우 중시했다. 전도 여행 중에도 새벽기도를 사수했다는 그의 일기에서 그 열정을 느낄 수 있다. 그는 전도 여행 중 강한 폭풍우를 만났을 때도, 많은 승객이 두려움에 떠는 가운데 새벽에 기도하기를 멈추지 않았다(《John Wesley: A Biography》, Stephen Tomkins, Eerdmans Pub Co).

그 외에도, 복음 설교가였던 찰스 스펄전(Charles Spurgeon), 복음 전도자 드와이트 L. 무디(Dwight L. Moody), 남아프리카 공화국의 목회자이자 기도에 관한 저서로 저명한 앤드류 머레이(Andrew Murray)도 모두 새벽기도의 중요성을 강조했다.

한국의 새벽기도 전통

새벽기도의 전통은 한국교회사와도 호흡을 함께한다. 1907년 평양 대부흥 운동의 중심인물이었던 길선주 목사만 봐도 그렇다. 사실 평양 대부흥 운동은 그의 새벽기도 운동과 함께 완성되었다고 해도 과언이 아니다.

길 목사는 평양 대부흥 운동이 일어나기 전부터 기도에 헌신한 인물이었다. 평양 장대현교회에서 목회하던 그는 기도의 중요성을 강조하며 새벽기도회를 시작했다. 그의 기도 생활과 그가 이끄는 새벽기도회는 성도들에게 큰 영향을 미쳤다.

한국교회 부흥사를 기록한 한 저자는 다음과 같이 말했다.

당시의 평양 대부흥 운동의 핵심은 회개 운동이었다. 회개의 물결은 1907년 1월, 장대현교회에서 열렸던 사경회 때 시작되어 퍼져나갔다. 이때 평양 장대현교회는 매일 새벽마다 기도회를 열기 시작했다. 당시의 회개 운동은 그 새벽기도회를 통해 번졌다. … 당시 성도들은 새벽기도를 통해 하나님의 임재와 인도하심을 깊이 체험했다. … 새벽기도회는 한국교회의 부흥과 성도들의 영적 성장에 중요한 역할을 했다.

_《하나님이 조선을 이처럼 사랑하사》, 방위량, 한부선 선교사 공저, 강영선 역, 지평서원

한국교회사에 기록된 영적 대가들은 하나같이 새벽기도에 전념했다. 일제 강점기에 신사참배를 거부하고 순교한

주기철 목사, 제주도의 첫 선교사였던 이기풍 목사, 한국 교회를 대표하는 목회자 중 하나인 한경직 목사, 전북 군산에서 부흥사로 유명했던 김익두 목사, 독립운동가이자 신학자, 목회자였던 김치선 목사, 사랑의 원자탄으로 불린 손양원 목사, 한국의 대표 보수 신학자인 박형룡 박사 등, 이들은 전부 새벽기도를 이끌며 그 중요성을 삶으로 보여주었다.

새벽 순종의 다섯 가지 유익

성경적 새벽기도를 꾸준히 하면 어떤 영적 성장이 있을까? 다음 다섯 가지로 살펴보자.

① 하나님의 인도하심을 따르는 삶의 방향성이 형성된다

6년 전 봄, 나는 미국 서부 해안도로로 자전거 여행을 떠났다. 초행길이었지만 어렵지 않게 길을 찾을 수 있었다. 지도 덕분이었다. 나는 여행 전에 지도를 보며 계획을 세웠고, 여행지에서도 지도를 따라 움직였다. 여정이 분명했기에 자전거 페달을 밟을 때 확신에 차 있었다.

여행자에게 지도의 유무는 큰 차이가 있다. '천로역정'을 달려가는 크리스천에게는 소명의 하루가 매일 새롭게 펼쳐진다. 하루하루가 영적 전쟁이다. 이때 새벽기도는 영적 지도 역할을 한다.

새벽이란, 소명의 여정을 떠나기 전에 부지런함으로 그날의 지도를 그리는 시간이다. 그 준비는 일과가 시작되기 전에 이뤄져야 한다. 아침이 오기 전에, 여정의 인도자이신 하나님과 독대하는 자는 확신에 찬 하루를 보낼 수 있다.

하루의 첫 시간이 시작되기 전, 하나님께 시간과 장소와 마음을 구별하여 나아가는 것은 하루 여정의 지도를 확인하는 것과 같다. 이러한 새벽을 반복하다 보면, 하나님을 의지하고 그분의 인도하심을 구하는 삶의 방향성과 습관이 몸에 밴다.

② 예수님의 기도 영성으로 성장한다

만약 당신이 국가대표 선수촌에 입단했다면, 과거 금메달리스트였던 감독과 코치가 제시하는 훈련 루틴을 철저히 따를 것이다. 이때, 기존의 습관과 과거의 실력을 버리는 훈련 또한 강화될 것이다.

새벽기도도 일종의 '영적 선수촌 훈련'이다. 천국의 진정한 '면류관리스트'이신 예수님의 새벽기도 모범을 철저히 따르는 훈련! 여기에는 자기 부인을 훈련하는 유익이 뒤따른다.

아침이 되기도 전에 먼저 일어나는 것은 결코 쉬운 일이 아니다. 꾸준히 기도하기도 어려운데, 새벽마다 기도하기란 육체적으로나 정신적으로 훨씬 고난이도다. 하지만 반대로 생각해 보라.

어려운 만큼 꾸준히 훈련할 때, 더 큰 성장이 보장된다. 편한 일일수록 훈련 효과는 미미하다. 홀로 한적한 곳에서 따로 기도하신 예수님의 기도 모범을 따를 때, 과거의 기도 습관과 영성 수준과는 비교되지 않는 놀라운 변화를 맛볼 것이다.

③ 하나님의 말씀을 깊이 묵상하게 된다

새벽은 구별된 기도 시간이다. 이 시간에는 외부의 방해 요소가 거의 없기에 하나님과의 대화에 더욱 몰두할 수 있다. 이는 하나님의 말씀을 묵상함으로써 성령의 인도하심을 받는 데 큰 도움이 된다.

새벽기도는 종종 우리에게 말씀 묵상을 요구한다. 참된 기도란 하나님의 말씀에 자신을 정렬시키는 것이다. 그래서 기도하는 동안 성령께서는 우리 안에 있는 말씀의 기억들을 계속 조명해 주신다. 이때 우리는 자기 관점에서 벗어나 조명받은 말씀에 온전히 집중하는 경험을 한다.

④ 공동체가 영적으로 하나 된다

그리스도의 몸 된 교회는 유기적 공동체다(엡 5:23). 한 몸이 같은 음식에서 양분을 공급받듯이, 교회 구성원은 하늘 양식인 말씀을 함께 받아 먹는다(마 26:26-28, 요 6:48-51, 행 2:42, 고전 10:16,17).

새벽기도의 중심에는 성경 말씀이 있다. 기도자들은 각자 하나님의 말씀 앞으로 나아간다. 그리고 같은 하나님 안에서 함께 만난다. 이처럼 각자 하나님과 친밀한 교제로 나아가는 건, 말씀 중심의 신앙생활을 교회적으로 함께하게 만든다.

비록 기도자들이 새벽에 서로 교제하지 않더라도, 새벽기도를 통해 한 분이신 하나님과 친밀한 교제를 누렸으니, 결국은 하나님 안에서 친밀함을 공유하게 되는 것이다.

그뿐만이 아니다. 공동체성은 새벽 중보기도를 통해서도 생겨난다. 서로를 위해 기도하는 것은 성도 간의 영적 교제다. 새벽기도를 통해 성도들이 모여 기도할 때, 교회 공동체는 하나님의 말씀과 서로를 위한 기도로 연합하는 경험을 하며, 함께 기도하는 가운데 영적 유대감도 깊어진다.

⑤ 영적 전쟁에서 승리한다

성경은 우리의 싸움이 영적인 것임을 분명히 말씀한다.

우리의 씨름은 혈과 육을 상대하는 것이 아니요
통치자들과 권세들과 이 어둠의 세상 주관자들과
하늘에 있는 악의 영들을 상대함이라 엡 6:12

이 싸움은 눈에 보이는 싸움이 아니라, 보이지 않는 싸움 곧 영적 전쟁이다. 새벽기도는 하루를 시작하기 전에 영적 전쟁의 승리를 위해 준비하는 자리다. 기도로 무장함으로써 성도는 하나님께서 주시는 지혜와 힘으로 하루를 시작하여 수많은 유혹과 시험을 넉넉히 이길 수 있다.

이는 마치 사자들의 입을 닫으셨던 하나님을 경험한 다니엘의 새벽과 같고, 기도 후 나타나는 성령님의 역사와도 같다(단 6:10-16, 행 3:1-10).

이처럼 새벽 순종은 영적 성장에 다방면으로 기여한다. 꾸준한 새벽 순종 훈련을 통해 우리는 하나님과 깊이 교제

하며, 날로 성숙하고, 하나 되어, 매일의 승리를 쌓아갈 수
있다.

모든 기도와 간구를 하되

항상 성령 안에서 기도하고

이를 위하여 깨어 구하기를 항상 힘쓰며

여러 성도를 위하여 구하라 **엡 6:18**

새 / 벽 / 노 / 트

지난 1년간 당신이 맞이했던 365번의 아침 중, 새벽기도로 준비했던
부지런한 아침은 모두 몇 번이었나요?

매일 새벽 3시간씩 5년간 기도한다면, 당신의 인생이 어떻게 변화될까요?

새벽 순종의 다섯 가지 유익 중 경험한 것이 있나요?

────────○ 이 새벽, 하나님이 주신 마음을 적어보세요 ○────────

(chapter **4**)

다시, 새벽기도

✳

밤에 내 영혼이 주를 사모하였사온즉
내 중심이 주를 간절히 구하오리니 사 26:9

중년 7중고

과거가 만든 오늘이다. 오늘이 모여 새로운 내일이 열린
다. 현재 연령별 인구 통계를 보면, 중장년이 가장 많다. 내
가 인도하는 제자 모임도 그렇다. 내가 아저씨라서 그런
지, 가는 곳마다 나 같은 중년들이 눈에 띈다. 그들과 대화
하며 성경 말씀을 나누다 보면, 공통된 고민을 발견한다.

제자 모임 중, 중년의 이삭(가명) 형제가 말했다.

"제 노후 준비는커녕 자식 등록금도 없는 상황에 어머니
가 쓰러지셨어요. 요양 시설을 알아보니 생각보다 비싸서
엄두가 안 나요. 방문 요양 보호사도 마찬가지고요. 아직

주택대출금도 다 못 갚았는데, 빚을 더 얻을 수 있을지 잘
모르겠어요…."

이런 어려움은 이삭 형제만 겪는 게 아니었다. 그의 솔직
한 나눔에 힘입어 다른 아저씨들도 비슷한 고충을 하나둘
꺼내놓았다.

들어보니, 그들의 고민은 다음 일곱 가지 내용이었다.

1) 급변하는 시대에 일에서 자꾸 뒤처진다.
2) 처자식 먹여 살리기도 어려운데, 부모님도 모셔야 한다.
3) 자식이 언제 결혼하고 취업해서 경제적 독립을 이룰 수
   있을지 모르겠다.
4) 가족과 소통이 잘 안 된다. 문화가 너무 다르다. 아내와
   자식들에게 나는 꼰대일 뿐이다.
5) 더 큰 문제는 노년이다. 평균 사망 연령까지만 산다 해
   도 퇴직 후 20-30년은 더 '먹고살아야' 하는데, 어떻게 대
   비할지 감이 잡히질 않는다.
6) 가장의 마음을 가족이 헤아려주지 않아서 외롭다.
7) 교회는 여러 프로그램으로 바쁘게 돌아가고, 특히 청년
   과 교회학교 사역에 주력한다. 중년의 고민은 뒷전이다.
   그래서 더 외롭다.

　　　　　　새벽 순종

이야기를 듣는 동안, 그 고통이 전달되어 속이 쓰렸다. 그들의 처참한 마음 상태가 선교지로 보였다.

나는 아저씨들의 7중고를 어떻게 해결할지 고민하기 시작했다. 대화 중에도 머릿속이 복잡했다.

'조기 은퇴하고 직업 훈련이라도 받아보라고 할까? 아니면, 주중엔 바쁘니 주말에라도 사업 준비 모임 같은 걸 함께하자고 제안해 볼까?'

그사이 대화가 한 바퀴를 돌았다. 그때 처음 이야기를 꺼낸 이삭 형제가 말을 이었다.

"그래서 저는, 다시 새벽기도를 시작했어요."

무력했던 그 밤의 끝에

이삭 형제는 불안함 때문에 이미 다양한 시도를 해봤다고 했다. 부동산 경매 야간 수업도 들어보고, 주말마다 각종 자격증 시험도 보고, 틈틈이 주식과 아르바이트도 했다. 하지만 어느 것 하나 고통을 해소하거나 문제 해결에 확신을 주지 못했다.

결국 수년을 노력한 끝에, 그는 무력감에 젖어 어두운

밤을 맞았다. 끊었던 술 생각이 밤마다 간절했다. 불안과 염려로 잠 못 이루는 날이 이어졌다. 이 생각, 저 생각 하는 동안 쿵쿵 거리는 심장 소리가 점점 크게 들렸다. 하지만 그건 벽시계 소리였다.

어느 새벽 4시, 그날도 그는 여전히 잠들지 못했다.

"어서 자야, 일하러 나갈 텐데….”

뜬 눈으로 천장만 바라보며 중얼거렸다. 이리 뒤척 저리 뒤척. 자려고 할수록 잠이 달아났다. 끝나지 않을 것 같은 기나긴 어둠을 더 이상 지켜볼 수만은 없었다. 그는 침대에서 부스스 일어났다.

안방 문을 살짝 열어 문틈으로 보니 아내는 자고 있었다(이삭 형제는 주로 거실에서 잔다). 아들의 방문도 열어보니 20대 중반인 아들은 온라인 게임에 열중하고 있었다.

살며시 문을 닫고 나와서, 그는 혼잣말을 했다.

"이럴 바에는 새벽기도라도 나가볼까….”

주섬주섬 옷을 챙겨 입었다. 주차장으로 내려가 차 시동을 걸었다가 다시 껐다. 모(母)교회로 가려던 생각을 바꾸고 차에서 내렸다.

무작정 새벽 골목을 걸었다. 빨간 십자가 네온사인이

눈에 들어왔다. 불빛을 따라 교회로 찾아갔다. 문고리를 돌리자 잠겨 있었다. 몇 군데 더 방문했다. 세 번째 교회는 문이 열려 있었다.

새벽 5시가 조금 안 된 시각, 예배당엔 아무도 없었다. 강대상 뒤로 십자가 모양의 LED 조명이 빛났다. 그 앞에 가서 털썩 무릎을 꿇었다. 입이 떨어지지 않았다. 뭐라고 기도해야 할지, 말이 떠오르지 않았다.

속에서 뭔가가 울컥했다. 그대로 눈물이 쏟아졌다. 마지막으로 운 게 언제인지 기억나지 않을 만큼 오래 참아온 눈물이. 그는 젖 떼인 갓난아기마냥 크게 울었다.

눈물이 잦아들 즈음, 뒤에서 새벽예배를 준비하는 인기척이 느껴졌다. 그는 서둘러 눈물을 닦고 슬그머니 맨 뒷자리로 가 앉았다.

기도, 문제 해결의 시작

그날을 기점으로 이삭 형제는 20년 만에 새벽기도를 다시 시작했다. 그의 이야기를 듣는 내내 미안했다. 목사로서 아저씨들의 고민 앞에 새벽기도를 떠올리지도, 기도하자고 권면하지도 못한 채, 더 현실적(?) 도움이 뭐가 있을

지 머리를 굴렸던 스스로가 부끄러웠다.

우리는 이삭 형제의 간증을 듣고 침묵했다. 저마다 기도하지 않고 어려움만 토로했던 지난 시간을 돌아보는 듯했다. 얼마간의 침묵 끝에 한 사람이 자기가 한때 새벽 기도를 열심히 했던 이야기를 나누었다. 이어서 나도 고백했다.

"기도하자고 먼저 말하지 못해서 부끄럽습니다."

그때 말씀 한 구절이 떠올랐다. 성령께서 조명해 주시는 말씀 같았다. 나는 성경을 펼쳐 그 구절을 읽었다.

밤에 내 영혼이 주를 사모하였사온즉
내 중심이 주를 간절히 구하오리니 사 26:9

이것은 이사야 선지자의 기도다. 사면초가의 위기 앞에서 그가 밤새 찾았던 해결책은 다름 아닌 '하나님'이었다.

흥미롭게도, 이 구절에서 "간절히"로 번역된 히브리어 '쇠하르'의 사전적 의미 중에는 '새벽'이라는 뜻도 있다. 선지자는 칠흑 같은 영적 어둠 속에서 '새벽까지', '간절히' 하나님을 찾은 것이다.

모든 문제를 뛰어넘으시는 하나님이 우리와 함께 계신

다. 7중고든, 10중고든 하나님께 나아갈 때 선명한 해결책이 보일 것이다. 우리를 죄와 사망에서 그리스도의 십자가 복음으로 구원하신 분이 7중고로부터도 구원하실 수 있음은 자명한 사실이다(눅 18:27).

문제로 염려하던 그 밤에 이삭 형제는 하나님을 찾았고, 만났다. 그리고 여전히 새벽 순종을 이어가고 있다. 문제를 초월하는 하나님의 평강이 그를 지키시고 그와 함께하신다(빌 4:6,7).

나는 아저씨들과 이사야서 말씀을 나눈 뒤, 이삭 형제의 새벽기도를 격려했다.

오늘의 중년은 내일의 노년

중년 7중고는 교회에 시사하는 바가 크다. 인구 통계만 봐도 한국은 조만간 초고령 사회(전체 인구 가운데 65세 이상의 노인 인구가 차지하는 비율이 20퍼센트 이상인 사회)로 접어든다. 10년 뒤면, 현재 최다수를 차지하는 중년층이 노인 사역 대상으로 분류될 것이다. 이삭 형제 또래의 중년이 모두 노년이 되는 것이다.

그때 교회는, 지금의 중년 7중고가 10년간 진행되어 초

래할 각종 문제에 직면할 것이다. 나만 이런 생각을 하는 건 아니다. 한 예로, 목회데이터연구소는 다음과 같이 정리했다.

2023년 기준으로 10년 후의 인구 증감률을 살펴보면, 총인구는 1.3퍼센트 정도만 감소하지만 유소년 인구는 33퍼센트가 줄어들고, 고령인구는 무려 51퍼센트가 증가할 것으로 예상된다. 이를 교회에 적용해 본다면 노인 교인의 비율이 급속하게 증가하여 고령 친화적 교회 운영이 불가피할 것으로 판단된다.

_'장래인구추계: 10년 뒤 인구 변화', 목회데이터연구소, 넘버즈 222호
(자료 출처 : '장래인구추계: 2022–2072', 통계청)

예측 가능한 미래다. 머지않아 노인 사역의 필요성이 대두될 것이다.

과연 교회가 무얼 할 수 있을까? 노인들에게 실질적 도움을 주는 프로그램, 이를테면 직업 훈련, 심리 상담, 노인 복지, 중년 재교육 등을 준비해야 할까? 이건 교회가 아니어도 얼마든지 할 수 있다. 교회는 교회만 할 수 있는 일을 해야 더 교회다울 것이다.

그렇다면 교회만 할 수 있는 일이란 무엇인가?

교회만이 내놓을 수 있는 대책

'내게 시대를 읽는 사업가적 안목이 있다면 얼마나 좋을까? 그러면 중년을 위한 창업 모임이라도 만들 텐데….'

'내게 많은 자본이 있다면 얼마나 좋을까? 중년을 위한 펀드 기관이라도 세울 텐데….'

이런 생각은 제자 모임을 인도하는 목사에게 어울리지 않는다. 제자 공동체인 교회가 할 만한 생각도 아니다.

목사는 하나님이 주신 목양 소명에 순종하는 자다. 목양뿐 아니라 어떤 소명이든, 하나님이 시키시는 일은 하나님의 방법으로 해야 한다. 하나님의 방법은 성경에 나온다. 그것은 교회의 리더십이 기도와 말씀에 집중하는 것이다.

> 우리는 오로지
> 기도하는 일과 말씀 사역에 힘쓰리라 하니 행 6:4

성도의 문제 해결을 위해, 말씀을 붙들고 하나님께 간구하는 것이 교회의 본분이다. 이 일은 리더십부터 본을 보여야 교회가 함께 순종하게 되는 영적 노동이다. 교회는 말씀과 기도에 집중할 때 비로소 교회다워진다. 사람이 아닌 성령 하나님께서 복음의 일을 이루신다.

E. M. 바운즈 목사의 말대로, "하나님의 방법은 교회 프로그램이 아니라 성령님이 쓰실 수 있는 하나님의 사람, 기도의 사람"이다. 기도를 훈련하는 교회야말로 하나님의 비밀병기가 될 것이다.

초고령 사회를 앞둔 이 나라의 미래를 어떻게 대비할 것인가? 그 답은 하나님의 방법인 기도에 있다. 중년 7중고에 이어 터져 나올 미래의 노년 문제 대책은 어디 있을까? 오늘, 말씀으로 기도에 집중하는 교회에 있다.

새벽 순종으로의 부르심

중년 7중고는 하나의 예에 불과하다. 오늘날 교회는 너무 많은 일을 벌이고 있다. 교회가 아니어도 할 수 있는 일을 교회가 하겠다고 부산스럽다. 그러면서 정작 기도와 말씀은 뒷전이다. 그런 모습을 볼 때마다 나는 숨고 싶다. 내 교회든, 네 교회든 '우리 교회'라서 부끄럽다.

그리스도의 몸은 건물, 교단, 시스템을 초월한다. 고린도전서 말씀대로다.

… 교회 곧 그리스도 예수 안에서 거룩하여지고

성도라 부르심을 받은 자들과

또 각처에서 우리의 주 곧 그들과

우리의 주 되신 예수 그리스도의 이름을

부르는 모든 자들에게 **고전 1:2**

'교회'는 그리스도에 의해 성경의 터 위에 세워졌다. 성경은 교회가 기도와 말씀에 집중해야 함을 강조한다(행 6:4). 교회가 기도와 말씀에 집중할 때, 다른 모든 일을 성령의 권능으로 감당하게 된다.

우리는 염려를 해결할 수 없지만, 모든 염려를 기도로 하나님께 맡겨드릴 수는 있다(빌 4:6). 이것은 교회 외에는 누구도 할 수 없는 일이다. 기도는 교회 본연의 임무다.

이 시대는 선지자들의 시대와 통하는 구석이 많다. 하나님의 양 떼인 성도가 방황하여 흩어져 있으나, 그들을 찾고 찾는 교회는 좀처럼 찾아보기 힘들다(겔 34:6).

그들을 기도의 자리로 되찾아 와야겠다. 새벽에 찾아와야겠다. 그래서 아침부터 저녁까지 하나님의 일하심을 보도록 도와야겠다. 새벽까지 깨어 있는 세상을 향해, 새벽부터 깨어 있는 기도 순종자들을 보내야겠다.

시간 부족, 사명감 부재… 대안은?

모두 바쁘게 살아간다. 그중 7중고를 겪는 중년 아저씨들은 더 바쁘다. 일하고, 자기 계발하는 것 외에는 자투리 시간조차 없다. 그들은 미래를 대비해야 한다는 압박에 시달리며 할 수 있는 모든 일을 하고 있다.

일터에서는 기술 변화를 따라잡느라 배로 일한다. 퇴근하고는 노후 대책으로 자격증을 따고 새로운 기술을 익힌다. 집에 가면, 남녀평등 시대에 걸맞게 가사를 돕는다.

부족한 게 어디 시간뿐인가. 사명감도 희박하다.

예수를 그리스도로 믿는 자, 예수의 영이신 성령의 임재가 있는 모두가 사명자다. 예수로 살고 예수로 죽는 것은 모든 믿는 자의 신앙이다(롬 6:1-11). 하지만 중년들은 벼랑에 매달린 심정으로 불안과 위기의식 속에 30년가량 일해 왔다.

뇌력마저 떨어져 환경이 이끄는 대로 순응하며 살아왔다. 해 뜨면 일하고, 해 지면 자는. 밀려오는 염려에 대책을 강구할 시간도, 아플 여유도 없다. 중년들의 유일한 낙이 퇴근길 맥주 한 잔 정도라고 하니까.

시간도, 사명감도 부족한 이들이 기도와 말씀에 집중하도록, 그래서 미래를 준비하도록 어떻게 도울 수 있을까?

새벽 순종

사명감을 회복하는 최고의 방법은 하나님과 대화하는 것, 바로 기도다. 기도는 영적 호흡이다. 호흡이 멎은 사람을 발견하면 인공호흡을 해야 한다. 스스로 호흡할 수 있을 때까지 도와주어야 한다. 기도의 자리로 데려가서 살려야 한다. 영이 살아야 마음도 몸도 회복의 전환점을 만나기 때문이다.

대부분의 중년이 기도하기 위해 낼 수 있는 시간은 해 뜨기 전 새벽뿐이다. 출근과 퇴근 사이에는 다른 일을 못한다. 퇴근 후에 잠시 주어지는 시간은 자기 계발과 가족 돌봄에 다 써도 모자란다.

늦은 밤에는 체력이 고갈된다. 결국 '새벽'이다. 새벽 말고는 시간을 내기가 어렵다. 결론은 하나, 시간과 사명감 부족을 동시에 해결하는 유일한 방법은 새벽기도뿐이다.

Dear. 중년 그리고 당신

이 챕터를 쓰는 동안, 내 노트북 맞은편에는 중년의 아저씨들이 앉아 있었다. 그들은 직장인이면서 가장이다. 아래로는 자식 농사, 위로는 부모 봉양의 짐을 진다. 그 무게를 하루하루 견디면서도, 정작 마음은 은퇴 이후에 가 있다.

사실 이 책을 쓴 큰 동기 중 하나가 이들 때문이었다. 현실 문제에 대비하는 가장 확실한 해결책은 기도와 말씀이라고, 팍팍한 삶에 기도하고 말씀을 묵상할 시간은 해 뜨기 전뿐이라고 말해주고 싶었다.

이 챕터를 읽으며 마음의 감동이 있다면, 두 가지를 부탁하고 싶다.

하나, 부디 이 책을 주변의 중년 아저씨 손에 들려주길!

둘, 그들이 새벽 순종자가 되도록, 당신이 새벽을 깨워 기도해 주길!

새 / 벽 / 노 / 트

기도 외에 다른 방법이 없는 인생의 문제가 있나요?

다시 새벽기도를 시작한다면, 무엇을 기도하고 싶나요?

당신은 새벽기도를 교회의 다른 어떤 프로그램보다 우선시하고 있나요?

───────○ 이 새벽, 하나님이 주신 마음을 적어보세요 ○───────

chapter 5

성경이 말씀하는 기도

✻

나를 따라오라 마 4:19

범하기 쉬운 오류

나는 교회 개척자다. 교회개척학교(CPC, Church Planting Class)를 운영하고 있다. 커리큘럼은 크게 3과목으로, '교회의 정의', '개척자의 소명' 그리고 '교회 개척 방법론'이다.

그중에서도 '교회의 정의' 과정이 가장 중요하다. 첫 시간에 나는 콕 집어 "성경"이라는 단어를 넣어서 이렇게 질문하곤 한다.

"성경이 말씀하는 교회란 무엇인가요?"

수업은 토론식이다. 개인별, 조별로 답을 준비해서 발표하게 한다. 답은 다양하다. 그런데 열에 아홉은 성경이 아

닌 자신이 경험했던 예배 방식, 조직 구조, 사역 프로그램
등에 한정 지어 교회를 설명한다. 성경에 교회의 정의가 분
명히 나옴에도, 대부분은 성경보다 경험을 우선시한다.

새벽 순종의 주적

새벽기도에 관해서도 비슷한 면이 있다. 성경보다 경험
을 따른다. 가령 '성경에서 새벽기도에 대해 뭐라고 말씀하
지?' 식의 생각은 거의 하지 않는다. 대신 자기 경험을 토대
로 새벽기도를 정의한다. 답을 내리고, 확신한다. 그 내용
은 뻔하다.

"새벽기도? 색다른 피로감, 찌뿌둥한 오전 업무지 뭐."
"밤에 일찍 잘 수 없는 상황들이 매일 펼쳐지는데 새벽기도
를 어떻게 가."
"자정 넘어서 잠자리에 들고, 출근 직전에 간신히 일어나는
습관을 하루아침에 바꾼다는 건 말이 안 되지!"

경험을 주장하는 것 자체는 잘못이 없다. 다만 경험을
성경보다 우선시하는 건 잘못이다. 성경은 하나님의 말씀

이다. 한 인생의 경험이나 습관보다 뛰어나다. 하나님은 말씀으로 천지 만물을 지으셨다. 성경은 인류 역사의 모든 경험의 합보다 크고 높다.

그렇다면, 성경이 말씀하는 '새벽기도'란 무엇인가? 이를 알기 위해 먼저 '기도'부터 살펴보자.

기도의 정의

기도란 한마디로, 기도자를 "아버지의 원대로" 행하도록 이끄는 행위다.

예수님이 십자가를 지시기 전날 밤에 대한 성경의 기록을 떠올려 보라. 예수님은 제자들을 데리고 겟세마네 동산에 오르셨고, 기도를 시작하셨다. 기도는 다음 날 새벽까지 이어졌다. 그 핵심 내용이 다음 구절에 담겨 있다.

나의 원대로 마시옵고 아버지의 원대로 하옵소서 **마 26:39**

우리는 예수님을 따르는 사람이다. 무엇으로? 성경 말씀으로. 기도도 그렇다. 우리는 말씀이 소개하는 예수님의 기도를 따라 해야 한다.

기도의 정의는 간단하다. 기도란 내 뜻을 하늘 아버지께 관철시키는 행위가 아니라 '하나님 아버지의 뜻이 나를 관통하여 실행되게 하는 행위'다.

왜 제자도인가?

새벽기도에도 같은 원리가 적용된다. 새벽에 기도하는 사람은 많고 많다. 모슬렘, 불자, 도교 사상가들도 새벽을 깨운다. 최근엔 자기 계발 철학을 사수하는 인본주의자들 역시 열심히 새벽을 밝히고 있다.

우리의 새벽은 이들과 다르다. 차별점은 예수님에게 있다. 크리스천의 새벽기도는 철저히 예수님의 새벽기도 모범을 따른다. 우리에게 새벽기도는 단순히 종교적 신앙 행위나 미신적 기도 방법이 아닌 '제자도'의 의미를 지닌다. 이것을 다음 세 가지 성경적 사실에 근거해서 살펴보자.

첫째, 예수님은 새벽에 기도하셨다(막 1:35).

새벽기도 반대론자들은 이 성경적 사실에 두 가지 이유를 들어 항변한다.

하나는 예수님이 새벽에 기도하신 기록은 그날 하루에

국한된다는 것(새벽기도를 하셨다는 직접적 언급은 마가복음 1장 35절에서 한 번뿐이니, 공생애 3년간 새벽기도를 딱 한 번만 하셨다는 주장), 또 하나는 새벽기도는 예수님만 하시는 방법이라는 거다. 하지만 둘 다 성경적 근거가 없다. 우선 첫 번째 주장은 세 가지 이유로 틀렸다.

1. 예수님의 새벽기도 기록은 마가복음 1장에서 한 번만 등장하지 않는다. 공생애 사역의 직전과 마지막 순간에도, 오병이어 사건 직후에도, 예수님이 에워싸는 군중에게서 벗어나 홀로 한적한 곳을 찾으신 장면에도 등장한다(유대 관점의 '새벽 시간'은 새벽 2시부터 아침 6시까지를 지칭한다).

2. 새벽기도 반대론자의 논리대로라면, 복음서의 다른 기록들, 예를 들어 예수님의 축귀나 질병 치유, 설교 장면 등에 대한 기록도 성경에 언급된 횟수만큼만 일어난 일로 바라봐야 할 것이다. 이는 상식적으로 말이 안 된다. '한 번 기록되었으니 한 번의 사건'이라는 주장은 성경에 위배된다. 복음서는 예수님의 행적을 실제 일어난 횟수만큼만 기록한 것이 아니다. 대표적으로 요한복음의 마지막 구절만 봐도 그렇다.

> 예수께서 행하신 일이 이 외에도 많으니
>
> 만일 낱낱이 기록된다면 이 세상이라도
>
> 이 기록된 책을 두기에 부족할 줄 아노라 **요 21:25**

3. 설사 마가복음 1장의 기록을 예수님의 유일한 새벽기도로 가정하더라도, 이는 새벽기도를 반대하는 근거가 될 수 없다. 왜냐하면 예수님의 새벽기도 모범이 보여주는 기도 신학의 의미가 풍성하기 때문이다(이는 2부에서 자세히 다루겠다). 예수님이 단 한 번 모범을 보이셨더라도, 그분을 따르는 제자도에 있어서는 매우 중요한 의미를 갖는다.

다음으로 '새벽기도는 예수님이 하신 거니까 예수님만 하시게끔 놔두자'(우리 같은 범인은 할 수 없고, 예수님처럼 특별한 분만 하실 수 있다)라는 주장도 얼토당토않다.

다음 구절을 보라.

> 내가 너희에게 행한 것같이
>
> 너희도 행하게 하려 하여 본을 보였노라 **요 13:15**

> 내가 진실로 진실로 너희에게 이르노니

예수님은 성령님을 통해 우리에게 그분의 일을 위임하셨다. 우리는 순종함으로 예수님의 뜻대로 예수님을 따라서 행하는 사람들이다(히 5:8,9).

둘째, 예수님은 바쁠수록 기도하셨다.

예수님은 공생애 내내 매우 바쁘셨다. 식사할 겨를도 없으셨다(막 3:20). 이는 예수님을 찾는 사람들이 너무 많았기 때문이다(막 2:2, 6:31). 그러나 그분은 바쁨에 취하지 않으셨다(우리와 참 다르셨다). 대신 한적한 곳으로 한적한 시간에 떠나셨다(막 6:45-47, 눅 4:42, 5:15,16). 바쁠수록 더 그러셨다. 그리고 기도하셨다.

우리가 예수님을 따르는 제자라면, 바쁜 일에 압도당할 때 반드시 해야 할 일이 있다. 예수님의 기도 방법의 두 가지 핵심, '한적한 시간에, 한적한 곳으로 가서' 기도하는 것이다.

셋째, 예수님의 새벽기도 모범에는 기도의 모양이 담겨 있다.

예수님은 제자들에게 기도에 대해 구체적으로 가르쳐 주셨다. 직접 기도를 선보이셨고(마 6:6-13), 새벽기도(막 1:35), 철야 산기도(마 14:23), 부르짖는 기도(히 5:7) 등을 몸소 알려주셨다.

또한 예수님의 가르침에는 기도의 방향성이 담겨 있다. 특히 주기도문 직전에 등장했던 골방기도 설교가 이를 잘 보여준다.

> 너는 기도할 때에 네 골방에 들어가 문을 닫고
> 은밀한 중에 계신 네 아버지께 기도하라
> 은밀한 중에 보시는 네 아버지께서 갚으시리라 **마 6:6**

이 말씀에 의하면, 기도란 하나님을 독대하기 위해 스스로를 구별하는 행위다. 구약성경 용어로는 '거룩'과 그 의미를 같이한다. 거룩이란 골방 격리와 같은 구별된 상태를 의미하기 때문이다.

인간이 할 수 있는 가장 거룩한 일

예수님의 새벽기도 모범에는 '장소와 시간의 구별'이 나타난다. 이 두 요소는 기도의 거룩성을 강조한다. 하나님은 광야 백성들에게 거듭 "거룩"을 요구하셨다(레 11:44,45, 19:2). 신약 교회도 그랬다(고전 1:2, 벧전 1:15,16).

성경 전체에서 거룩은 하나님의 백성을 향한 명령이다. 하나님의 명령은 하나님의 사람에게 순종을 요구한다. 거룩하라는 명령에 우리가 할 일은 그분께 순종하여 구별된 존재가 되는 것이다.

하나님께 거룩(שָׁדַק) = 하나님께 구별(שָׁדַק)

기도는 거룩한 일이다. 평생 기도에 헌신했던 E. M. 바운즈 목사는 "기도란 인간이 할 수 있는 가장 거룩한 일"이라고 말했다(그는 평생 기도에 집중했던 목회자로 새벽 4시에 일어나 하루를 기도로 시작하며, 기도를 호흡처럼 하기를 힘썼다).

예수님의 기도 모범에는 '기도'와 '거룩'의 관계가 잘 드러난다. 사복음서에 나오는 예수님의 기도는 늘 구별된 기도였다. 그분의 기도 가르침은 골방기도였다.

이 가르침은 말뿐 아니라 몸소 기도하시는 예수님의 모습을 통해서도 나타났다. 예수님은 "습관을 따라" 기도하셨다(눅 22:39). 여기에는 구별된 시간과 장소의 반복이 있었다.

기도는 구별된 것, 거룩한 것, 하나님을 독대하여 따로 드리는 것이다. 예수님의 공생애를 통해 배우는 기도의 핵심은 '구별됨'이다. 예수님을 따르는 자는 구별된 기도를 드린다.

무엇을 구별하는가?

코데쉬, 거룩은 '하나님을 향한 구별'을 의미한다. 여기에는 시간, 장소, 마음의 구별이 있다.

① 시간의 코데쉬

예수님의 기도 모범은 '시간의 구별'을 보여준다. 성경을 보면 예수님의 하루 일정이 얼마나 빡빡했는지 알 수 있다. 식사할 겨를도 없이 군중에 에워싸여 지내셨다. 하지만 소명을 이루시느라 바쁜 가운데서도, 기도 시간만큼은 사람들이 찾아올 수 없는 구별된 시간인 '늦은 밤'과 '이른 새벽'을 택하셨다(마 14:23, 막 1:35).

② 장소의 코데쉬

이와 관련한 예화가 떠오른다. 내가 아내와 한창 연애할 때였다. 한번은 그녀를 잃을 뻔했다. 잘못된 장소 선택 때문이었다. 특별한 날에, 나는 당시 여자친구였던 아내를 내가 좋아하는 식당으로 초대했다. 연탄불 삼겹살집이었다. 예쁜 원피스를 입고 구두를 신고 나타난 아내는 식사 장소에 도착하자 실망한 기색이 역력했다.

중요한 만남에는 '장소의 구별'이 필요하다. 하다못해 데이트만 하려 해도 장소 선택에 신중을 기하는데, 하물며 하나님 아버지와 만나는 기도의 자리는 어떻겠는가.

기도란 거룩하신 하나님과의 대화이고 만남이다. 그래서 시간뿐 아니라 장소도 구별해야 한다. 기도의 거룩성을 고려할 때, 장소의 구별은 기도자의 마땅한 태도다. 게다가 하나님은 장소를 구별하지 않는 기도자에게 이를 훈련하시기도 한다. E. M. 바운즈는 다음과 같이 말했다.

"그는 우리를 세상으로부터 분리시켜 따로 있게 하신다. 그리고 거기서 예수님은 우리 전체를 그에게 집중하게 하신 후 우리에게 말씀하시고 우리와 상대하신다."

이처럼 하나님은 때때로, 하나님의 사람들을 환경적으로 격리시키심으로써 기도를 가르치신다. 그때 기도자는 하나님이 요구하시는 코데쉬가 무엇인지 깨닫는다. 하나님만을 위해 존재하도록 설정된 환경 가운데서 거룩으로 인도하시는 하나님의 손길을 배우게 된다.

③ 마음의 코데쉬

시간과 장소의 구별은 마음의 구별로 향한다. 거룩하라는 하나님의 명령 앞에 기도자는 구별된 시간과 장소를 찾는다. 그러면서 기도하는 가운데 하나님께 몰입하는 태도를 갖게 된다. 그때 하나님은 기도자의 마음에서 하나님 외의 것들을 제거하시는, 기도의 목적을 보여주신다.

노년의 다윗은 다음과 같이 노래했다.

내가 새벽 날개를 치며 바다 끝에 가서 거주할지라도

거기서도 주의 손이 나를 인도하시며

주의 오른손이 나를 붙드시리이다 시 139:9,10

당시 사람들은 새벽빛보다 빠른 것은 없다고 생각했다. 그리고 "바다 끝"은 땅끝을 의미했다. 시편 139편은 해가 솟아오르면서 빛이 빠른 속도로 땅끝까지 뻗어나가는 모습을 보며 기도하는 장면이다. 다시 말해, 새벽에 기도한 내용을 기록한 것이다.

산전수전 다 겪은 다윗이 새벽에 기도하며 시편 139편을 써 내려갔다. 언제, 어디서, 무엇을 하든, 심지어 가장 빠른 속도로 땅끝까지 가버린다고 해도, 거기서 발견하게 될 한 가지가 무엇인지를 그는 정확히 알았다. 시간과 장소를 구별하여 드리는 기도자의 마음에는 하나님만 남는다는 것을.

기도의 속성은 '구별'과 '거룩'이다. 기도는 그리스도의 이름으로 하나님과 대화하는 관계의 장이다. 이보다 더 거룩한 신앙 행위는 존재하지 않는다.

기도자는 하나님을 향한 온전한 분리를 더욱 소망한다. 마음에 하나님이 아닌 다른 방해 요소가 끼어들지 못하게 한다. 그의 마음은 하나님으로만 가득 찬다.

새 / 벽 / 노 / 트

나의 코데쉬를 적어봅시다.

시간 – 이 시간만큼은 하나님과 단둘이 있겠습니다!

장소 – 오직 하나님과 독대하는 기도의 장소로 구별하겠습니다!

마음 – 하나님께 가장 집중하는 마음 상태로 만들겠습니다!

◦ 이 새벽, 하나님이 주신 마음을 적어보세요 ◦

왜 새벽기도를 안 하세요?

심리적으로 사람은 타인에게 자신의 모습을 투영한다.
나도 그랬다. 크리스천이면 누구든 나처럼 새벽기도를 소
중히 여길 줄 알았다.

그런데 오해였다. 오늘날 많은 크리스천이 새벽기도를
별로 가치 있게 여기질 않는다. 놀랍게도, 목사들마저 새
벽기도를 하찮게 대하곤 한다.

나는 SNS에 다음과 같이 질문을 던져보았다.

송준기
5월 31일 오후 1:58 · 🌐

요즘, #새벽기도에 관한 책을 집필 중인데요. 궁금한 것이 있어서 여쭙니다.
"그대가 '새벽기도'를 거의 하지 않는 이유는 무엇인가요?"
혹은 반대로,
"'새벽기도'를 매일 하는 이유는 무엇인가요?"
(답 주실 땐, 꼭 댓글 아녀도 좋아요. DM도 좋아요)

"그대가 새벽기도를 거의 '하지 않는 이유'는 무엇인가요?"
질문을 올릴 때만 해도, 두 가지 답변을 예상했다.

하나, 새벽기도를 하고 싶은데 잘 안 돼요. 어떻게 하죠?
둘, 저는 밤늦게까지 일을 해서 새벽엔 꼭 자야 해요. 대신
하루의 첫 시간을 꼭 기도로 시작합니다.

그러나 내 기대와 전혀 다른 답변들이 달렸다. 새벽기
도를 안 하는 다양한 이유가 있었는데, 크게 다음 다섯
가지였다.

1) 왜 꼭 새벽에 기도해야 하는지 의문이 들어서
2) 새벽기도는 성경적이기보다는 종교적이고 문화적인 기도
   방법이라고 생각하기에
3) 나는 '새벽형 인간'이 아니라 '저녁형 인간'이니까

4) 새벽엔 다른 일(수면, 자기 계발, 운동 등)이 있어서

5) 새벽기도는 비정상적이라고 생각하니까

나는 고민에 빠졌다.

'새벽기도는 지극히 성경적일 뿐 아니라, 제자도 신앙의 성장에 있어서 필수인데, 이 오해들을 어떻게 풀지?'

진짜 이유

새벽기도를 안 해도 되는 이유 같은 건 없다. 그 이유 역시 앞으로 나눌 이야기에서 차차 등장할 것이다. 그 전에 새벽기도를 하지 않는 진짜 이유부터 생각해 보자.

왜 안 하는 걸까? 답은 간단하다. 안 해도 되기 때문이 아니라 '하기 힘들어서'다. '새벽기도는 하기 힘들다'라는 생각에는 두 가지 배경이 있다. '사회 심리적 오해'와 '비성경적 문화 인식'이다.

① 사회 심리적 오해

오늘날 대한민국 사회는 밤에 익숙한 문화를 가지고 있다. 밤에 활동하는 것이 대세다. 밤에 일하고, 먹고 마시

는 것을 일반적인 일로 바라본다. 이런 문화를 교회도 수용하고 있다.

통계에 따르면, 하루 1시간 이상 기도하는 한국교회 성도는 약 19퍼센트라고 한다. 그중 새벽에 기도하는 사람은 20퍼센트에 미치지 못한다. 기도하는 사람조차 많지 않은데, 새벽기도자는 더 적다. 새벽마다 기도하는 것은 기도자들의 세계에서도 '좁은 길'인 것이다. 넓은 길로 다니는 대부분의 사람은 새벽기도를 달가워하지 않는다. 새벽을 어색해한다. 새벽기도자를 별종 취급한다.

사람은 사회적 존재다. 인간은 소수보다 다수의 편에 설 때 안정감을 느끼며 다수의 행동양식을 옳은 것으로 착각하곤 한다. 새벽기도자가 극소수라는 사실은 우리 안에 사회 심리적 한계를 만든다. 그리고 의문을 던지게 한다.

"왜 꼭 새벽에 기도해야 해?"

② 비성경적 문화 인식

'소수의 사람만이 새벽기도를 한다'라는 사회 심리적 장벽에 부딪힌 사람은 그 근거를 찾는다. 쉽게 말해, 새벽기도를 하지 않아도 될 이유를 찾는다.

우선 성경을 펼친다. 하지만 성경은 새벽기도를 지지하

고 강조하므로 반대 이유를 찾지 못한다. 이때 자기 생각을 내려놓고, 새벽기도에 돌입하는 사람은 거의 없다. 오히려 성경 바깥에서 또 다른 반대 이유를 찾는다.

어떤 이들은 새벽기도를 교회 부흥을 위한 인위적인 수단쯤으로 여긴다. 또 다른 이들은 '부르짖는 기도'와 더불어 한국 토속 신앙에서 유래한 종교적 행위쯤으로 치부한다(더 자세한 내용은 《부르짖는 기도의 비밀》을 참고하기 바란다).

그러나 둘 다 성경적 사실이 아니다. 이는 역사와 문화를 바라보는 부분적이고 주관적인 관점이며 오해다. 새벽기도 반대자들은 이 오해에 힘입어 새벽기도를 구시대적 문화 유물 정도로 간단히 치부해 버린다.

이런 배경에서 오늘날 '새벽 불순종'이 번졌다. 새벽에 기도를 못 하겠다는 변명을 교회에서도 용납하는 시대가 되었다. 그리고 우리의 새벽기도는 기도의 성경적 특징이나 예수님의 모범, 신약 교회의 전통 등을 잃고 말았다.

새벽형 인간이냐, 아니냐

새벽기도를 하지 않는 또 다른 이유로 "수면 패턴이 새벽기도와 맞지 않는다"라고 주장하는 이들이 있다. 이는 소위 '새벽형 인간이냐, 아니냐' 하는 논의와 연결된다. 이 부분도 잠시 생각해 보자.

'새벽 기상'은 자기 계발 철학의 주요 주제다. '아침형 인간'이라는 말을 들어본 적이 있을 것이다. 이것은 '성장하려면 개인 훈련이 있어야 하고, 이를 위해 남보다 하루를 더 일찍 시작해야 한다'라는 맥락에서 나온 말이다. 이 말은 '성공하는 사람은 하루를 일찍 시작한다'라는 근거를 가지고, 성공을 원하는 많은 사람에게 상품화되었다.

새벽 기상과 관련한 성공 철학을 담은 '미라클 모닝'이 대표적이다(책 제목이기도 하다). 성공하는 법, 돈 (많이 쉽게 빨리) 버는 법, 그러기 위해 하루를 더 일찍 시작하는 방법을 다룬 콘텐츠는 여전히 잘 팔린다.

한편, 주로 밤에 일하는 사람들은 새벽 기상과 관련한 성공 철학에 반발한다. 그중 다수는 저녁 일정을 스스로 조정할 수 없다고 주장한다. 또 일부는 미라클 모닝을 배부른 사람들의 전유물로 여기며 '일찍 일어나는 새는 배부를지 몰라도 벌레는 일찍 죽는다'라는 식으로 비꼬기도 한다.

수요가 있는 곳에 공급이 따르는 법, 아침형 인간에 이어 '저녁형 인간'이라는 새로운 성공 철학(신상품)이 등장했다. 한마디로, 굳이 이른 새벽 시간을 고집하지 말고, 개인의 수면 패턴에 따라 저녁부터 밤늦게까지 자기 계발을 지속하라는 논지다.

새벽기도는 자기 계발이 아니다

이런 식의 자기 계발 철학을 접한 사람은 새벽기도를 '시간'의 문제로 오해하기 쉽다. '나는 아침형 인간이라서 새벽기도가 쉬울 거야' 혹은 '나는 저녁형 인간이라서 새벽기도가 불가능해'라고 단정할 가능성이 크다. 하지만 어디까지나 이런 생각들은, 성경이 아닌 자기 계발 철학에서 비롯된 것이다.

여기서 잠시 자기 계발 철학의 개념을 요약하자면, '스스로 성공을 향한 목적을 세우고, 이에 걸맞게 자신을 성장시키기 위해, 스스로 구체적 노력을 기울여 성공을 쟁취하는 사상'이다. 하지만 새벽기도는 자기 계발과 무관하다. 다음 세 가지 이유 때문이다.

첫째, 기도란 자기 계발식 노력으로 되는 게 아니다.

기도는 하나님의 은혜로 하는 영적 행위다. 습관화를 위해 새벽에 억지로 몇 번 일어난다고 해서 기도가 되는 게 아니다. 어떤 인간적 노력도 하나님이 간섭하시지 않으면 의미가 없다.

둘째, 자기 계발 철학은 비성경적이다.

자신을 성장시켜 스스로 성공하겠다는 생각은 지극히 비성경적이다. 진정한 성공은 그런 식으로 이뤄지지 않는다. 성경은 '성공'에 대해 달리 말씀한다.

인간은 본성 자체가 틀려먹었다(롬 3:9-18). 여기에 예외는 한 사람도 없다(롬 3:10). 그런 인간에게 성경은 '자기 계발'이 아닌 '자기 부인'을 요구한다(막 8:34). 자기 십자가를 지고, 예수님을 따를 것을 명령한다(마 16:24). 그때 비로소 참된 성공이 예수님의 구원 사역을 통해 위로부터 주어진다(눅 1:77-79).

셋째, 기도란 선택과 조작이 가능한 대상이 아니다.

자기 계발은 그 목적과 방법을 스스로 선택할 수 있다. 그러나 새벽기도는 자기중심적으로 조작할 수 있는 성질의 것이 아니다. 자기 계발식으로 시간을 정할 수 있는 대상이 아니라 성경을 따르는 순종 행위다.

기도는 거룩한 일이다. 죄인 스스로 조작해서 어떤 성과를 달성해 내는 수단이 아니다. 거룩한 일은 거룩하신 분이 주관해 주셔야 한다. 거룩하신 분, 예수 그리스도가 보이신 모범과 하나님의 말씀에 기도의 과정과 결과가 전부 담겨 있다.

성경에 등장하는 새벽기도란, 우리가 따라야 할 예수님의 기도 모범이다(막 1:35). 그리고 '깨어' 기도하라는 그리스도의 명령에 대한 적극적인 순종 행위다(눅 18:1, 22:46).

성령 강림 이후, 사도들과 초대교회는 기도로 사역했다. 그들 역시 깨어 기도하기를 강조했다(엡 6:18). 예수님의 기도 모범과 명령과 교회 전통에 의하면, 기도란 깨어 있는 행위다(마 26:41, 막 14:38, 눅 21:36, 골 4:2). 거기에 '새벽'이라는 시간과 '기도'라는 은혜의 방편, 이 둘에 대한 신학적 함의도 무시할 수 없다.

왜 새벽이어야 하는가?

내가 "기도는 새벽에 해야 한다!"라고 말하면, 반대 주장이 빗발칠 게 뻔하다.

"왜 꼭 새벽이어야 하나요? 새벽기도는 문화적인 것 아닌가요? 저는 새벽기도 말고 낮기도나 저녁기도 할래요."

새벽기도 반대론자들은 이런 반문들로 새벽기도를 피해 왔다. 그들은 예수님의 새벽기도 모범에 대해 알고 있지만(막 1:35), 콕 집어 "새.벽.에. 기도하라"라는 명령이 없기에 그 필요성과 중요성을 간과해 왔다.

하지만 오해다. 예수님은 기도를 '깨어 있는 행위'로 구체적으로 설명하셨다(막 14:38, 눅 21:36). 이것은 예수님의 새벽기도 모범보다 더 실제적인 새벽 순종의 이유가 된다.

새벽기도의 모범이 되는 구절보다 상대적으로 덜 알려져 있는 "깨어 있으라"라는 기도 명령이, 예수님의 새벽기도와 정말 무관하다고 생각하는가? 혹 당신이 기도는 물론이고, 새벽기도는 더 싫어서 못 본 척하는 건 아닌가?

지금부터 함께 살펴볼 '새벽 순종'은 자기 계발식 성공 철학과 무관하다. 이 책에 "새벽에 기도하면 사업이 성공한다"와 같은 내용은 없다. 대신 새벽기도에 관한 성경 속 근거와 신학적 해석이 담겨 있다.

책을 통해 당신은 '새벽기도'라는 키워드로 성경을 다시 살펴보게 될 것이다. 새벽기도가 무엇인지, 왜 새벽기도여야 하는지, 새벽기도를 어떻게 해야 하는지를 알게 될 것이다. 그리고, 알면 달라질 것이다.

2부로 들어가기 앞서 다음 요절들을 소리 내어 읽어보자.

시험에 들지 않게 깨어 있어 기도하라 막 14:38

항상 기도하며 깨어 있으라 눅 21:36

기도를 계속하고 기도에 감사함으로 깨어 있으라 골 4:2

새 / 벽 / 노 / 트

새벽기도에 대한 이전의 경험을 모두 내려놓고, 성경이 말씀하는
새벽기도에 대해 있는 그대로 살펴보고 받아들일 각오가 되어 있나요?
하나님께 올려드리는 기도문으로 다짐을 적어보세요.

──────── ○ 이 새벽, 하나님이 주신 마음을 적어보세요 ○ ────────

틀에 박힌 기도는 효과가 있는가?
어떤 사람들에게는 그렇다.
그러나 어떤 사람들은 틀에 박힌 기도를 함으로써
예수님이 말씀하신 이교도들과 다를 바 없게 되어버린다.

제임스 패커

PART

2

어떻게 기도할까?

chapter 7

저녁, 준비의 시간

✳

이에 그 처녀들이 다 일어나
등을 준비할새 마 25:7

120만 원보다 못한 새벽기도

대학교 3학년 때, 나는 1년쯤 우유 배달 아르바이트를
했다. 새벽 4시에 출근해 우유 250개를 3시간 동안 배달
해야 했다. 알람을 3시 40분에 맞추고 잠들었다.

잠은 달았고, 새벽 기상은 어려웠다. 그러나 꼭 일어났
다. 돈이 필요했으니까.

새벽이면 골목엔 두 부류의 사람이 있었다. 배달하는 사
람과 새벽기도자. 내가 다니던 배달 코스에는 교회가 20개
정도 있었다. 그 앞을 지날 때면 한숨이 나왔다.

"생활비만 해결되면, 나도 새벽기도를 할 텐데….”

혼잣말이 끝나기 무섭게 내 양심이 이렇게 외쳤다.

'거짓말! 배달하기 전에도 새벽기도 안 했으면서!'

배달 오토바이를 몰며 문득 새벽기도가 그리웠던 건 진심이었다. 그러나 새벽일을 다니기 전에도 새벽기도를 퐁당 퐁당(가다 말다) 하던 것 또한 사실이었다.

그렇다면 내 마음은 왜 그런 거짓 생각을 떠올렸을까? 배고프고 힘든 배달 일에 비해 새벽기도는 쉽고 배불러 보였기 때문이다. 고민이 시작되었다. 배달하는 중에도 머릿속은 새벽기도에 관한 질문으로 가득했다.

'왜 배달을 하기 전에는 새벽기도를 대충 했지?'

자문자답이 이어졌다.

'새벽에 기도하러 가기가 힘들어서 그랬겠지.'

'그럼 새벽 배달은 어떻게 하는 거야? 더 일찍 일어나야 하고, 하루라도 빠지면 안 되잖아?'

'그야 돈을 받으니까 힘들어도 하는 거지!'

'새벽기도는 돈 주는 사람이 없어서 안 했던 거야?'

'…그런 셈이네.'

'그러면 120만 원을 준다고 하면, 새벽기도를 하겠다는 거야?'

'그렇다면야….'

새벽 회개

마음의 소리에 소스라치게 놀랐다. 만약 누군가가 배달 월급을 줄 테니 매일 새벽기도를 하라고 한다면, 두 팔 벌려 환영할 것만 같았다.

'그렇다면 무조건 하지!'

이런 마음 상태가 부끄러웠다. 새벽에 하나님을 독대하는 시간을 갖는 것을 120만 원보다 가치 없게 여기는 태도가 들통난 순간이었다. 나는 놀랐고, 숨고 싶었다.

그날 이후로 배달 일을 나설 때마다 슬픔이 몰려왔다. 그동안 새벽기도를 무시하고 살았던 게 후회스러웠다. 결국 나는 한 교회의 마당에 오토바이를 세웠다. 하나님께 죄송해서 예배당엔 감히 못 들어갔다. 대신 본당 2층으로 올라가는 계단 입구 아래에 숨어 엎드려 기도했다.

"주님, 저를 용서해 주세요. 새벽에 배달은 해도, 기도는 안 했어요. 제가 주님을 사랑하는 줄 알았는데, 실은 아니었어요. 저는 주님을 진정 사랑하지 않았어요. 고작 120만 원보다 값싼 사랑이었어요. 주님은 저를 위해 독생자를 아낌없이 주셨어요. 제 죗값을 다 치르고도 남는 예수 그리스도의 십자가 죽으심으로 갚아버리셨지요. 그런데 제 사랑은 새벽이슬 같고 아침 안개처럼 쉽게 사라지는 말뿐인

새벽 순종

사랑, 스쳐 지나가는 감정 같아요. 제가 하나님을 진짜로 사랑하게 해주세요. 새벽을 깨워 기도하는 사람이 되게 해주세요."

새벽 배달 기도

다음 날부터 1시간 일찍 일어나 배달하기 시작했다. 새벽 골목, 불 밝힌 교회마다 입구에 멈춰 서서 잠깐씩 기도했다. 3분씩 총 스무 번 기도했다. 또 찬송가 하나를 정해서 한 교회에서 다음 교회로 이동할 때 반복해서 불렀다. 눈물이 멈추질 않았다.

첫날은 내 처지가 불쌍해서 눈물이 났다. 새벽기도도 맘껏 못 하는 가난한 대학생이라는 생각에. 그러나 이튿날부터 눈물의 의미가 바뀌었다. 하나님이 좋아서 눈물이 났다. 이제라도 새벽기도의 은혜를 누리게 하신 하나님이 너무 사랑스러웠다. 기뻐서 노래가 절로 터져 나왔다. 성령님이 부어주시는 은혜의 감격으로 벅차올랐다.

새벽기도의 맛이 몸과 마음에 새겨졌다. 새벽 3시가 종일 기다려졌다.

새벽을 위한 여섯 가지 저녁 습관

새벽 배달 기도의 기쁨을 누리려는 열망 하나로, 나는 삶을 개조하기 시작했다. 크게 여섯 가지 습관을 세워나 갔다.

① 저녁 일정 없애기

2주쯤 지나자 코피가 났다. 수면 시간을 늘려야 했다. 우선순위는 새벽에 누리는 기쁨에 있었기에 저녁 일정을 모두 없애기로 했다. 고민할 것도 없었다. 무조건 오후 6시까지 모든 일정을 마쳤다. 학교 과제를 못 끝내도 8시까지는 집에 들어갔다. 스터디 모임이나 동아리 선배들에게는 상황을 사실대로 알리며 양해를 구하고 빠졌다. 아무리 중요한 일정도 새벽기도만큼은 아니었다.

집에 도착하면 서둘러 저녁을 먹고 씻고 잤다. 밤 9시부터 새벽 3시까지 6시간 수면을 지켰다. 처음에는 적응이 어려웠다. 하지만 계속 시도하면서 점점 길을 찾았다.

② 규칙적인 식사 하기

저녁 식사는 오후 5시에 했다. 9시까지 위에 음식물이 남아 있지 않는 게 숙면에 도움이 되기 때문이었다. 5시에 저녁을 먹으니 학교 식당이 한산해서 줄 서는 시간을 아낄 수 있었다. 앞당긴 저녁 식사 시간에 맞추어 아침과 점심도 일찍 먹었다. 새벽기도 이후 아침을 먹었고, 점심은 오전 11시에 도시락을 싸 가서 먹었다. 그러면서 일정한 시간에 식사하는 습관이 숙면에 이롭다는 걸 알게 되었다.

③ 땀 흘리기

나는 쌓인 피로를 푸는 법도 터득했다. 그중 하나가 운동이었다. 셔츠가 살짝 땀에 젖는 수준의 운동을 하고 나면 오히려 피로가 풀린다는 걸 알았다.

하루 일과에 운동을 넣어야 했다. 하지만 아침부터 저녁 6시까지 기존 일정을 소화하기도 빠듯했다. 도저히 시간을 따로 낼 수가 없었다. 고민하며 배달 오토바이로 퇴근하던 어느 날, 아이디어가 떠올랐다.

당시 학교에서 집까지는 약 5킬로미터였다.

'이 거리를 조깅하며 다닌다면?'

그날부터 나는 가벼운 달리기로 집과 학교를 오갔다. 피로가 해소될 뿐 아니라 차비도 절약할 수 있었다.

④ 주변에 알리고 도움 요청하기

나의 새벽 3시 기상을 매우 안쓰러워하던 가족들에게 나는 9시 취침을 알리고 협조를 구했다. 식구들은 내 일정을 지지해 주었다. 늦게까지 TV 보며 떠드는 시간이 점차 줄었고, 밤에 손님이 오는 일도 사라졌다. 밤은 잠을 자는 시간으로 가족 문화가 바뀌었다.

교회 청년부 지체들에게도 알리자, 그들은 함께 기도해 주기로 약속했다. 밤에 당구장에 가자고 닦달하던 학교 친구들과 동아리 모임에 나오라며 엄포를 놓던 선배들에게도 내 상황을 알렸다. 대부분 격려와 응원으로 도와주었다.

⑤ 낮잠 자기

점심 식사 직후 식곤증이 몰려왔다. 한번은 캠퍼스 잔디밭에 겉옷을 펴고 낮잠을 잤다. 1시간을 내리 자고 일어나자 개운했다. 하지만 그날 밤 9시 취침에 지장이 있었다. 시행착오를 거치며 낮잠은 15-20분 사이로 조금 모자란 듯이 자야 함을 알았다. 그 정도가 낮의 피로를 물리치는 낮잠의 경계선이었다. 그 이상은 밤 취침에 방해가 되었다.

⑥ 벌떡 일어날 준비 해두기

또 하나의 지혜는 일어날 준비를 미리 해두는 것이었다. 처음에는 새벽 3시에 바로 일어나질 못했다. 잠결에 시계 알람을 끄고 20-30분씩 뭉그적거렸다. 그런 날은 새벽 배달 기도를 할 수 없었고, 종일 실망감에 젖어 지냈다.

아침 기상을 위해 다양한 시도를 한 끝에, 지혜를 얻었다. 새벽에 벌떡 일어날 수 있도록 잠들기 전에 준비해 놓는 거였다. 나는 잠자리에 들기 전에 다섯 가지 일을 했다.

카세트 플레이어에 찬양 재생 준비를 하고 머리맡에 두기, 그 옆에 물 한 컵 떠놓기, 그 옆에 치약 묻힌 칫솔 준비하기, 화장실 앞에 옷을 입는 순서대로 펼쳐놓기, 그리고 기도하기.

1) 기도: 잠들기 전에 새벽기도를 승리하게 해달라고 기도했다. 6시간 뒤 알람이 울리면, 찬양을 틀고, 알람을 끄고, 물을 마시고, 양치와 세면을 하고, 옷 입기를 성공하게 해달라고 구체적으로 하나하나 그리며 기도했다.

2) 찬양: 새벽에 눈을 뜨자마자 알람을 끄기 전에 먼저 카세트 플레이어의 재생 버튼을 눌렀다. 그 후 알람을 끄는 스위치를 눌렀다.

3) 물 한 잔: 알람을 끄고 바로 물 한 잔을 마셨다. 200밀
   리리터 정도를 천천히 다 비우는 동안, 뇌와 몸이 서서히
   깨어났다.

4) 치약 묻힌 칫솔: 잠자리에서 바로 양치질을 시작했다. 입
   에 칫솔을 문 채로 다시 잠들 일이 없도록. 그리고 칫솔
   질하며 화장실로 이동했다.

5) 입을 옷: 화장실에서 양치와 세수를 마치고 나오면서 옷
   을 입었다. 미리 골라둔 옷을 놓아둔 순서대로 입었다.

준비하는 기도자

이렇게 매일 살다 보니, 아침부터 밤까지 하루 일정의 밀
도가 높아졌다. 모든 일이 제자리를 찾았고 낭비되는 시
간은 일분일초도 없었다. 잠언 말씀대로였다.

게으른 자는 가을에 밭 갈지 아니하나니
그러므로 거둘 때에는 구걸할지라도 얻지 못하리라 잠 20:4

소명자는 부지런하다. 하루가 시작되는 아침이 오기 전
에 미리 기도로 준비한다. 부지런한 농부가 미리 밭을 갈

아엎는 것과 같다. 부지런한 소명자는 주어진 일을 주어진 시간에 넉넉히 감당하기 위해 미리 준비한다. 그러나 게으른 소명자는 시간이 닥쳐서야 주어진 일을 고민하기 시작한다.

새벽 순종은 하루의 소명을 너끈히 감당하기 위한 중대한 업무다. 이 역시 소명의 연장선이므로 미리 준비해야 한다. 전날 저녁부터 새벽 순종을 준비하는 기도자가 부지런한 소명자다.

새 / 벽 / 노 / 트

새벽 순종을 위해 하루 일정을 어떻게 조정하면 좋을까요?

하나님 앞에 새벽 순종을 결단하는 짧은 기도문을 작성해 보세요.

──────────○ 이 새벽, 하나님이 주신 마음을 적어보세요 ○──────────

chapter 8

영적 밀회

✷

처녀가 어찌 그의 패물을 잊겠느냐 신부가 어찌 그의 예복을 잊겠느냐
오직 내 백성은 나를 잊었나니 그 날수는 셀 수 없거늘 렘 2:32

아내와 단둘이

몇 년 전, 캠핑장에 갔을 때였다. 밤새 조용하더니, 해 뜨기 직전에 새들이 지저귀었다. 아내와 나는 누가 먼저랄 것 없이 잠에서 깼다. 시계를 보니 새벽 5시가 조금 안 된 시간이었다. 우리는 슬그머니 일어나 아직 산안개가 덮인 캠핑장 주변을 산책했다. 손을 잡고 걸었는데, 오랜만에 단둘이었다.

공기가 깨끗했다. 산새들이 우는 소리와 계곡 물소리는 음악처럼 들려왔다. 청개구리와 곤충들이 산책로에 나와 맺힌 이슬을 털어냈다. 다른 인기척은 없었다. 우리 둘뿐이

었다. 아내의 온기를 느끼며 거니는 그 시간이 로맨틱했다.

서로 나눈 대화도 애틋했다. 그동안 사역하느라 둘만의 시간을 내지 못한 것에 대해 아쉬움을 나눴다. 이런 밀회를 앞으로는 더 많이 갖기로 하고 텐트로 돌아왔다.

오래 대화한 것 같았는데, 시계를 보니 겨우 아침이었다. 당시 초등학생이던 첫째가 잠이 덜 깬 눈을 비비며 일어났다.

부부 은유와 하나님의 사랑

아내와의 새벽 밀회는 하나님을 떠올리게 했다. 성경에 등장하는 '부부 비유', 특히 신약 교회에 대해 말씀하는 '결혼 은유'가 생각났다.

그리스도를 경외함으로 피차 복종하라

아내들이여 자기 남편에게 복종하기를 주께 하듯 하라

이는 남편이 아내의 머리 됨이

그리스도께서 교회의 머리 됨과 같음이니

그가 바로 몸의 구주시니라 엡 5:21-23

부부는 단둘이 있을 때 더욱 아름답다. 부부 관계는 다른 어떤 인간관계보다도 깊고 친밀하다. 하나님은 이 관계에 창조주의 의도를 넣어두셨다.

하나님은 첫 부부, 아담과 하와를 지으신 후에 그들에게 '둘이 한 몸'이라는 정체성을 입히셨다(창 2:20-25). 이 관계는 이후 구약성경 전체를 관통하는 주요 은유가 되었다. 하나님은 종종 자신과 이스라엘 백성의 관계를 부부관계로 설명하셨다. 이 은유에는 하나님의 마음이 담겨 있다. 이를 통해 하나님이 우리를 어떻게 바라보시며, 우리에게 무엇을 원하시는지를 알 수 있다.

특히 호세아서에서 그 점이 명확히 보인다(호 2:14-23). 하나님은 이스라엘의 영적 신랑으로 등장하신다. 그러나 신부 된 이스라엘 백성이 신랑이신 그분을 자꾸 떠나자, 하나님은 영적 음행에 젖은 이스라엘에게 회개를 촉구하셨다. 돌아오라고 외치셨다.

이스라엘아 네 하나님 여호와께로 돌아오라
네가 불의함으로 말미암아 엎드러졌느니라 **호 14:1**

선지자 호세아는 자신의 결혼을 하나님의 말씀 선포를 위한 비유로 내놓았다. 이 비유는 그의 삶을 쪼개고 지나갔다.

거룩한 선지자가 창녀와 결혼했다. 아내는 남편을 계속 떠났지만, 남편은 아내를 끝까지 포기하지 않았다. 선지자는 순종했다. 하나님이 말씀하시는 결혼 은유를 자신의 몸으로, 삶으로 보였다.

하나님은 우리의 신랑을 자처하신다. 우리는 그분께 결코 포기할 수 없는 영적 신부와 같다. 하나님은 신부인 우리와 갖는 영적 밀회를 매우 소중히 여기신다. 새벽기도는 새벽 밀회다. 이때 기도자는 영적 신랑이신 하나님께 기쁨이 된다.

부부는 서로에게 전부여야 한다. 부부가 된 둘 사이에 또 다른 성적 관계가 끼어들 자리는 없다. 이는 하나님이 이스라엘 백성에게 요구하신 관계다(렘 2:32, 3:1, 겔 16:15-50).

새벽기도야말로 영적 사랑의 밀회임을 기억하자.

서로에게 서로뿐인 시간

부부 비유는 예수님 안에서 우리에게도 동일하게 적용된

다(막 2:19,20, 요 3:29, 고후 11:2). 신랑이신 예수님 앞에 우리는 교회 된 신부다.

부부 사이엔 깊고 친밀한 둘만의 시간이 반드시 필요하다. 그것도 매일. 가끔 만나거나 여럿이 함께 만나는 것만으로는 안 된다. 왜냐하면 하나님께서 '부부'라는 관계를 특별하게 만드셨기 때문이다. 부부는 둘이 아니다. 둘이 하나가 되게끔 지음 받았다(막 10:6-9).

그리스도와 우리의 관계도 마찬가지다. 그분과 나 사이에 다른 어떤 신앙 대상도 끼어들어서는 안 된다. 그뿐 아니라, 둘은 서로에게 서로뿐인 시간을 계속 가져야 한다. 둘만의 밀회를 아무리 가져도 모자라지 않는다.

그런데도 우리는 하나님과 그런 시간을 거의 갖지 않는다. 가장 큰 핑계는 '바빠서'다. 마치 아내와 내가 바쁨의 덫에 걸려, 이벤트성 캠핑 밀회는 가졌을지언정 둘만의 시간을 매일 갖지 못했던 것과 같다.

우리는 저마다의 이유로 바쁘다. 그러나 새벽기도를 하지 않는 자는 하나님과 영적 밀회를 갖지 않는 자다. 특별한 자리, 특별한 기회를 얻어야 아내와 산책이라도 간신히 할 수 있던 내 처지와 비슷하다.

기도하지 않는 것보다 더 위험한 일

새벽기도는 대부분의 성도에게 큰 부담으로 다가온다. '신랑이신 예수님과 나누는 사랑의 속삭임' 같은 느낌이 전혀 아니다. 게다가 새벽에 기도할 만큼 한가한(?) 크리스천은 많지 않다.

새벽기도의 성경적, 신학적 중요성과 실질적 유익을 아는 교회 리더십들은 '특별 새벽기도회'(이하 특새)를 준비한다. 40일 혹은 1주일만이라도 성도들이 새벽기도의 유익을 맛보았으면 해서다. 일상적인 밀회가 없으니 특별한 시간을 따로 만들어 보려는 것이다. 하지만 특새는 말 그대로 특별한 것이지 일상이 아니다. 평소 새벽기도를 안 하는 게 일반화되어 탄생한 기도 운동일 뿐이다.

물론 특새에도 큰 은혜가 부어진다. 그 기간에 기도의 영적 유익을 체험할 수 있다. 그러나 특새가 평소 새벽기도를 하지 않는 것에 대해 면죄부 역할을 할 위험성도 크다.

기도하지 않으면 위험해진다. 시험에 빠진다(마 26:41). 그러나 기도하지 않는 것만큼이나 위험한 게 '가끔' 기도하는 것이다. 특새의 다른 말이 바로 '가끔 기도'다(특새는 주로 1년에 두 번, 약 1주씩 열린다. 1년을 52주로 생각했을 때, 1년 중 3.85퍼센트만 기도하자는 운동인 셈이다).

새벽 순종

특새 자체는 아무런 문제가 없다. 다만, 1년 중 3.85퍼센트를 전부로 착각하면 문제가 된다. 특새 일수를 전부 채운다 해도, 일상적 새벽기도에는 비할 바가 못 된다. 그러나 많은 '특새 완료자'가 자신을 '새벽기도를 하는 사람'으로 여기며 1년을 보내곤 한다.

이것이 특새의 덫이다. 여기에 걸리면 신앙이 위태로워진다. 오히려 전혀 기도하지 않는 사람은 기도의 부재를 자각하고 돌이키기가 더 쉽다. 하지만 특새의 덫에 걸리면, 기도하지 않는 영적 상태에 무감각해지는 위험에 빠지고 만다.

E. M. 바운즈 목사는 이런 상태를 다음과 같이 지적했다.

"전혀 기도하지 않는 것보다 더 위험한 일이 있습니다. 그것은 가끔 기도하는 것입니다."

예수 신랑과 나누는 새벽 밀회

당신에겐 참 신랑, 예수 그리스도가 계신다. 예수님과 영적 부부 관계를 맺은 당신은 그분과 둘만의 시간을 가져야 한다. 특별한 행사가 아니라 일상으로서 말이다. 둘만의 시간이 없거나 뜸한 부부는 그 관계가 위태롭듯, 당신과 예수님 사이도 '특새'만으로는 안 된다.

사랑은 종교적 규칙이 아니다. 오히려 존재 자체이며, 인생의 목적 혹은 사명 같은 것이다. 사랑하면, 새벽 순종은 신학적 논의 대상이 되지 않는다. 이벤트로 전락하지도 않는다. 그저 아침을 함께 맞이하고자 하는 일상이 된다. 그 누가 예수님을 사랑하는 일로부터 자유로울까?

새벽 순종의 영적 유익을 소망하라. 예수님의 사랑을 기대하라. 악한 마귀가 벌이는 온갖 궤계의 목적은 당신과 예수님 사이를 갈라놓는 것이다. 신랑이신 예수님과 매일 깊이 만나며 그 궤계를 산산조각 내라.

새벽에 그분과 단둘이 만나라. 둘만의 밀회를 가져라. 특새에 안주하지 말고, 새벽기도를 지속하는 일상으로 나아가라. 그러면 매일이 신혼 같을 것이다.

그러나 너를 책망할 것이 있나니

너의 처음 사랑을 버렸느니라 **계 2:4**

새 / 벽 / 노 / 트

예수님을 처음 만난 순간, 그분을 가장 사랑했던 시간을 떠올려 보세요.

요즘 신랑이신 예수님과 새벽 밀회를 나누고 있나요, 아니면 새벽 밀회가
이벤트로만 존재하나요? 그 이유는 무엇인가요?

이벤트성 새벽기도가 일상의 새벽 순종에 대한 면죄부로 작용하고
있지는 않나요?

──────○ 이 새벽, 하나님이 주신 마음을 적어보세요 ○──────

chapter 9

마르지 않는 기쁨

✳

지금까지는 너희가 내 이름으로 아무것도 구하지 아니하였으나
구하라 그리하면 받으리니 너희 기쁨이 충만하리라 요 16:24

기도의 맛

딸이 아직 젖먹이였을 때, 아내 몰래 귤 한 조각을 먹여 보았다. 그때 딸의 표정을 잊을 수가 없다. 아기는 천상의 맛을 본 것처럼 놀란 표정을 지었다. 동공이 커지고, 작은 입이 "오!"라고 탄성을 지르듯 동그랗게 모아졌다. 나는 그 모습이 예뻐서 몇 번 더 귤을 먹였다.

그러자 딸은 황금빛의 조그맣고 새콤달콤한 것을 자꾸 찾았다. 이유식으로 넘어가는 데 약간의 도움이 되긴 했지만, 계속 과일을 먹고 싶어 하는 눈치였다.

무언가의 맛을 보면 이전과 달라진다는 걸 말하려고 꺼

낸 일화다. 이처럼 맛을 보면 달라진다. 결코 이전으로 돌아갈 수 없다. 새벽기도도 마찬가지다. 새벽기도의 은혜를 맛본 사람은 계속하게 된다. 여기서는 그 은혜의 맛 중에서 하나만 이야기하려 한다. 바로 '기쁨의 맛'이다.

기쁨은 어디서 오는가?

당신은 무엇을 할 때 가장 즐거운가? 나는 솔직히 세 가지가 떠오른다. 자전거 타기, 침대에 누워 유튜브 보기, 따뜻한 해변에서 종일 스노클링 하기. 상상만 해도 입가에 웃음이 번진다.

자, 이제 당신 차례다. 무엇을 할 때 가장 즐겁고 기쁜가? 사실 내가 말한 즐거움은 모두 일시적이다. 진짜 기쁨을 가져다주는 일이 아니다. 진짜 기쁨은 따로 있다.

성경은 기쁨에 대해 다양한 이야기를 한다. 그중 하나는 기도에 관한 것이다. 예수님은 기도하면 "너희 기쁨이 충만하리라"라고 말씀하셨다(요 16:24). 이 말씀은 예수님의 마지막 새벽기도와 관련이 있다.

유대인들에게 새벽이란 2시부터 동트기 직전까지의 시간을 의미했다. 그렇게 보면, 예수님은 마지막 새벽기도를 겟세마네 동산에서 제자들과 함께 하셨다. 이 내용을 모든 공관복음이 기록했으며(마 26:36-46, 막 14:32-42, 눅 22:39-46), 요한복음에는 예수님의 기도 내용까지 상세히 적혀 있다(요 17:1-26).

마지막 새벽기도를 제자들과 함께 하셨던 예수님은 '기도의 기쁨'에 대해 알려주셨다.

> 지금까지는 너희가 내 이름으로
> 아무것도 구하지 아니하였으나
> 구하라 그리하면 받으리니 너희 기쁨이 충만하리라 **요 16:24**

즐거움의 출처에 대한 우리의 솔직한 대답은 '기도'가 아닐 때가 많다. 그런 우리에게 예수님은 기도의 충만한 기쁨이 어디서 오는지를 알려주셨다. 위 요절만 봐도 세 가지를 발견할 수 있다. 바로 기도하는 존재가 된 기쁨, 예수님의 이름을 사용하는 기쁨, 그리고 기도 응답의 기쁨이다.

① 기도하는 존재가 된 기쁨

"지금까지는 너희가 내 이름으로 아무것도 구하지 아니하였으나…."

예수님을 알기 전과 후, 삶에는 극명한 변화가 일어난다. 그중 큰 변화가 바로 '기도'다. 우리는 이전에 예수님의 이름으로 기도하는 사람이 아니었다. 그러나 예수님을 믿은 후에는 진정한 기도를 드릴 수 있게 되었다. 이 사실은 우리에게 충만한 기쁨을 선사하는 첫 번째 요소다.

② 예수님의 이름을 사용하는 기쁨

"내 이름으로."

예수님을 믿은 후의 기도가 이전과 다른 이유는 '예수님의 이름'에 있다. 그 이름의 뜻은 '구원자'다(마 1:21). 이는 곧 그분의 정체성이다.

예수님은 하나님 아버지의 뜻대로 구원의 일을 모두 이루셨다(요 19:30, 벧전 2:24). 예수님의 이름에 하나님의 구원과 능력이 고스란히 담겨 있다(행 4:12, 고전 5:4, 엡 1:21, 골 1:12-22). 예수님을 받아들이는 것은 곧 그분의 이름을 믿는 것이다(요 1:12).

예수님의 이름을 믿고, 그 이름의 능력을 사용하는 특권을 갖게 된 사람만이 진정한 기도를 드릴 수 있다. 기도는 예수 이름의 능력을 사용하는 가장 확실한 방법이다. 이 사실은 기도자에게 충만한 기쁨을 안겨준다.

③ 기도 응답의 기쁨

"구하라 그리하면 받으리니 너희 기쁨이 충만하리라."

나는 두 딸을 키우는 아빠다. 딸들이 기뻐하는 모습을 보는 것이 큰 기쁨이다. 딸들은 자기들의 필요를 모두 내게 의존한다. 나는 최선을 다해 그들의 필요를 채워주며 양육한다. 만약 두 딸에게 '떡'이 필요하다면, 나는 '떡을 주는 기쁨'을 남에게 빼앗기지 않을 것이다. 딸들이 '생선'을 달라고 한다면, '생선을 주는 기쁨' 역시 내가 차지하려고 최선을 다할 것이다.

> 구하는 이마다 받을 것이요 찾는 이는 찾아낼 것이요
> 두드리는 이에게는 열릴 것이니라
> 너희 중에 누가 아들이 떡을 달라 하는데 돌을 주며
> 생선을 달라 하는데 뱀을 줄 사람이 있겠느냐 **마 7:8-10**

구원하신 이가 양육도 하신다(요 10:11-15). 구원하신 분이 우리의 모든 필요를 우리보다 먼저 아시고, 직접 채우신다(마 6:25-32). 기도자는 기도한 것뿐 아니라 그 이상으로 응답받는다(마 7:11, 빌 4:6,7). 이 사실은 기도자에게 충만한 기쁨을 가져다준다.

새벽 순종의 충만한 기쁨

결론부터 말하면, 새벽기도자가 누리는 기쁨은 사라지지 않는 충만한 기쁨이다. 절대로 일시적이지 않다.

왜 그런지, 다음 세 단계를 통해 살펴보자.

1. 기도하면 '충만한 기쁨'을 얻는다.

예수님의 말씀대로다. 예수님의 이름으로 구하면 기쁨이 충만해진다(요 16:24).

여기서 잠시, 요절의 맥락을 살펴보자. 예수님이 이 말씀을 하신 시기는 언제인가? 십자가를 지시기 직전이다. 이 다음 사건은 겟세마네에서의 새벽기도였다.

요절은 예수님이 새벽기도 직전에 제자들에게 하신 기도에 관한 말씀이다. 제자들 편에서 보자면, '기도의 기쁨'에 대해 들은 다음(이론) 예수님과 함께 '새벽기도'를 한 것이다(실습). 예수님은 기도와 기쁨의 관계를 알려주신 후, 제자들과 함께 새벽기도를 하셨다.

2. 기도는 '항상' 하는 것이다.

성경은 항상 기도하라고 반복해서 명령한다(시 141:5, 롬 1:9, 12:12, 골 4:2,12, 살전 1:2, 5:17, 살후 1:11, 딤전 5:5). '항

상 기도'라는 키워드로 성경을 살펴보면, 다음 구절들을 발견할 수 있다.

항상 기도하고 시 72:15

항상 기도하고 눅 18:1

항상 기도하며 깨어 있으라 눅 21:36

항상 기도하더니 행 10:2

항상 성령 안에서 기도하고 엡 6:18

기도에 항상 힘쓰며 롬 12:12

이를 통해 기도란 '항상' 하는 것임을 알 수 있다. 기도는 이벤트가 아니라 우리의 존재를 이루는 것이어야 한다.

가만, 앞서 예수님이 기도하면 충만한 기쁨을 얻을 거라고 말씀하시지 않았는가! 1과 2를 연결해 보면, 기도자에게 기도의 충만한 기쁨이 항상 함께한다는 의미가 된다.

기도란 항상 하는 것이므로, 기도자는 항상 기쁨으로 충만하다. 기도는 우리의 존재이므로, 기도의 결괏값인 충만한 기쁨 역시 우리의 존재 상태가 된다.

3. '새벽'은 시간의 대표성을 지닌다(새벽 순종자는 항상 기도하는 자다).

'항상 기도'와 새벽기도는 신학적으로 연결되어 있다. '새벽'은 소명자에게 맡겨주신 모든 시간을 대표한다. '새벽기도'가 하나님께 구별해서 드리는 하루의 십일조이자 첫 열매이기 때문이다. 마치 물질의 십일조가 나머지 10분의 9에 대해서도 "모두 하나님의 것입니다"라는 신앙고백의 의미를 담고 있듯이, 새벽 시간을 구별해서 하나님과 교제하는 데 쓰는 것은 그날 하루의 모든 시간을 하나님께 구별하겠다는 신앙고백을 드리는 것과 같다(잘 이해되지 않으면 1부 2장을 다시 읽어보라).

이처럼 새벽은 전체 시간의 의미를 지닌다. 그러므로 새벽 순종자는 항상 기도하라는 성경 말씀에 믿음으로 순종하는 셈이 된다. 종일 기도하는 상태를 새벽에 준비하는 것이다.

자, 이 세 가지를 연결해 보자. 1과 2를 연결하면, '기도자는 항상 충만한 기쁨을 얻는다'라고 말할 수 있다. 여기에 3을 연결하면, 다음 결론이 나온다.

"새벽 순종자는 항상 충만한 기쁨을 누린다!"

그 맛을 아는가?

당신은 새벽기도의 맛을 아는가? 새벽 순종자가 얻는 항상 충만한 기쁨을! 이에 관한 성경적 진실을 믿는가?

새벽 순종자는 기쁨 전문가다. 그에게는 영속적인 기쁨이 있다. 육체적 쾌락이나 여행, 미디어 시청 등에서 얻는 일시적 기쁨이 아닌 그리스도로부터 기도자 안으로 들어와서 흘러넘치는 영혼의 기쁨이다.

새벽 순종자는 '항상 기쁨'의 비밀을 안다. 그에게 기쁨은 그리스도의 이름을 사용하여 기도하는 것이며, 기도 응답을 통해 얻는 것이다. 이 기쁨은 조금도 모자라지 않고 항상 충만하다. 순간적이지 않고 영원히 지속된다.

그리스도 안에서 새벽마다 맛보는 충만한 기쁨을 경험하라! 한 번 맛보면, 이전으로 돌아갈 수 없을 것이다.

새 / 벽 / 노 / 트

무엇을 할 때 기쁜가요? 생각나는 대로 적어보세요.

위 목록 중 새벽기도가 있나요?

요한복음 16장 24절을 묵상하며, 충만한 기쁨의 맛, 기도의 맛을 알게 해
달라고, 새벽에 기도해 보세요.

지금까지는 너희가 내 이름으로 아무것도 구하지 아니하였으나
구하라 그리하면 받으리니 너희 기쁨이 충만하리라

──────── ◦ 이 새벽, 하나님이 주신 마음을 적어보세요 ◦ ────────

chapter 10

새벽 로맨스

*

내가 네게 장가들어 영원히 살되
공의와 정의와 은총과 긍휼히 여김으로 네게 장가들며 진실함으로
네게 장가들리니 네가 여호와를 알리라 호 2:19,20

짝사랑의 새벽

20대 시절, 교회에서 학교까지는 멀었다. 버스를 세 번 갈아타고 용인시 처인구 양지면 제일리에 내렸다. 손목시계는 자정을 알렸다. 산속에 있는 기숙사까지 걸어가야 했다. 15분쯤 가자 표지판이 보였다.

"학교까지 3킬로미터."

시골길에 불빛은 없었다. 개구리 떼만 개굴개굴 울어댔다. 일교차가 큰 봄밤이었고, 나는 그녀 생각을 멈출 수 없었다.

그녀와 결혼하고 싶다는 생각을 5개월째 하고 있었다

(만일 그때 4년이 지나야 결혼할 수 있다고 누군가 말해주었다면, 못 견뎠을지도 모른다). 그녀와 나는 같은 교회를 섬겼지만, 연애하는 사이는 아니었다. 심지어 그녀는 내 존재조차 잘 모르는 것 같았다. 짝사랑이었다.

새벽 1시, 기숙사 침대에 누웠다.
'그녀와 대화라도 한번 나눠보면 좋을 텐데….'
생각은 불이 되어 속을 태웠다. 뱃속이 마른 땅처럼 갈라지는 느낌이 들었다. 환자처럼 끙끙대며 중얼거렸다.
"하나님, 그녀를 제게 주세요. 우리 사이를 연결해 주세요. 함께 대화할 시간을 허락해 주세요."
그러다 잠들었는데, 몇 시간 못 가서 눈이 떠졌다. 간절한 소원 때문인 것 같았다. 밤새 기도가 꿈처럼 이어졌다. 다른 방법이 없었다. 기도가 내가 할 수 있는 사랑의 전부였다.
나는 새벽마다 사랑했다.
"하나님 아버지, 세상 모든 사람이 주님 손안에 있잖아요. 그녀는 당신의 딸이잖아요. 그녀를 제게 주세요…."
새벽마다 하나님과 그녀를 놓고 대화했다. 그런데 이상했다. 갈수록 그녀를 향한 열망보다 하나님을 향한 사랑이 커졌다. 대화하면 할수록 점점 그분이 좋아졌다.

고요한 새벽, 나는 하나님을 알아갔다. 그분을 더 사랑하게 되었다.

새벽기도와 영적 로맨스

새벽 사랑의 시간을 보내는 동안, 마음의 변화가 컸다. 그녀가 아니라 하나님을 구하는 변화였다. 나는 그녀와 나 사이의 유일한 접점이신 하나님을 찾고 더 찾게 되었다.

이런 변화는 나처럼 짝사랑을 할 때만 경험할 수 있는 게 아니다. 빌립보서에 기록된 기도의 결과물도 하나님, 그분이시다.

그리하면 모든 지각에 뛰어난 하나님의 평강이
그리스도 예수 안에서 너희 마음과 생각을 지키시리라 **빌 4:7**

"하나님의 평강"이 기도 응답이다. 문제의 출발점은 다양할 수 있다. 내 경우는 짝사랑이었다면, 어떤 자매는 떼어내고 싶은 열혈남아 때문에 새벽기도를 시작할 수도 있다. 나나 그 자매나 완전히 다른 문제 해결점을 기대하지만, 기도 과정에서 결국은 같은 목적지, "모든 지각에 뛰어난 하나님의 평강"에 다다른다.

다양한 기도 제목으로 출발하지만 같은 목적지에 도달하는 것, 이것이 새벽기도자들의 공통된 결론이다. 문제에 대해 하나님과 대화하는 동안 하나님을 더 알고, 더 사랑하게 되는 것이 참된 '새벽 사랑'이다.

그런 의미에서, 우리의 새벽기도는 사랑으로 이루어진다. 나는 이것을 '영적 로맨스'라고 부르고 싶다. 예술가에게는 뮤즈(Muse)가 창작의 동력이라면, 새벽기도자에게는 그리스도와의 영적 로맨스가 순종의 동력이다. 새벽 사랑이 기도자를 새벽에 일으킨다.

이때 일어나는 방식에 따라 두 부류로 나뉘는데, 하나는 새벽에 '깨어' 기도하는 유형이고, 다른 하나는 새벽을 '깨우는' 유형이다. 둘의 차이는 영적 로맨스가 '한 방향으로 흐르냐, 쌍방이냐'에 있다.

새벽에 '깨어' 기도하는 유형은 하나님이 짝사랑하시는 일방적 로맨스의 상태다. 그는 등 떠밀려서 새벽기도가 되어지는 걸 경험하지만, 인간적 정욕을 거부하면서 환경을 미리 준비하는 노력은 딱히 기울이지 않는다.

반면에 새벽을 '깨우는' 유형은 하나님의 사랑에 반응하는 쌍방향 로맨스의 상태다. 그는 영적 갈망을 채우기 위해 '스스로' 기꺼이 애쓰며, 하나님과의 밀회를 사수하기 위해 모든 수고를 사랑으로 감내한다.

새벽에 '깨어' 기도하는 자

호세아서에 등장하는 부부 은유는 하나님과 이스라엘 사이의 관계를 의미한다. 호세아서를 읽다 보면, 하나님의 짝사랑이 보인다.

신랑 호세아는 신부 고멜의 음행을 끊임없이 용서하며 되찾아 오기를 반복한다. 신랑의 사랑은 다함이 없다. 무한히 용서하고, 무한히 공급한다. 그러나 신부의 사랑은 너무도 가볍고 지저분하다. 그녀는 신랑 곁에 잠시 머물다가 떠나기를 반복한다. 자신은 거룩한 남편에게 수동적인 신부로 존재하길 원하며 그걸 즐긴다.

게다가 다른 세속적인 남자들도 동시에 남편 삼기를 좋아한다. 한마디로 음란하다. 그럼에도 신랑 호세아는 하나님께 순종한다. 신부의 음행조차 신랑의 사랑을 꺼뜨리지 못한다.

호세아의 순애보적인 모습은 거룩한 신랑 되시는 하나

님을 연상하게 한다. 그는 자기 삶을 쪼개고 지나가는 하나님의 말씀을 대언했다. "신랑이신 하나님께서 불성실한 아내인 이스라엘을 끝까지 사랑하고 용서하시니 하나님께 돌이키라"는 메시지를 전했다.

호세아서는 하나님의 심판 목적도 보여준다. 그 역시 '사랑'이다. 하나님의 엄포는 "내게 돌아오라"는 사랑 가득한 외침이다. 하나님의 사랑은 영원 불변하며, 지속적이고 헌신적이다.

하지만 하나님을 향한 신자들의 사랑은 지나칠 만큼 대조적이다. 수증기처럼 금세 사라져 버리는 사랑이다(호 6:4). 도리어 하나님의 사랑에 대적하며 반항하기 일쑤다. 이것은 그분의 사랑의 크기에 전혀 걸맞지 않다.

새벽에 '깨어' 기도하는 자는 영적으로 고멜과 같다. 그는 새벽기도를 할 생각도, 의지도 없다. '크리스천'이라는 이름만 있고, 그 능력과 경건은 없다. 주일에 잠시 은혜를 받지만, 효력은 그때뿐이고, 쉽게 잊어버린다.

그러나 신랑이신 하나님이 그를 새벽에 부르신다. 새벽 은혜가 임한다. 마치 호세아가 고멜을 계속 되찾아왔듯 하나님도 새벽 순종이 없는 신자를 기도의 자리로 부르신다. 새벽마다 흔들어 깨우신다.

이때 신자는 의지의 작용이 아닌 은혜의 역사로, 하나님의 호출에 저도 모르게 일어난다. 비록 그의 사랑이 작고 일시적이어도 하나님의 일방적 사랑 앞에 자신을 드러내도록 하나님이 도와주신다.

이때 하나님은 신자가 지닌 문제, 고민거리 등을 선용하신다(하나님은 주로 기존에 존재하던 문제를 지혜롭게 쓰신다. 단, 이것은 대부분 자기 욕심에 이끌려 미혹되어 생긴 문제임을 기억해야 한다, 약 1:14). 기존에 가지고 있던 문제의 해결책으로 새벽기도가 생각나게 하신다. 부드럽게 새벽기도의 자리로 부르신다. 하나님의 넛지(Nudge)다.

삶의 문제와 고민으로 새벽까지 잠들지 못하다가 '새벽기도라도 나가볼까' 하고 생각해 본 적이 있는가? 신랑이신 그리스도의 부르심이다. 그분의 오랜 새벽 로맨스가 잠들어 있던 당신에게로 향하는 순간이다. 집 나간 신부를 찾아 새벽을 깨우는 신랑의 애타는 외침이다.

신부는 신랑이 책임진다. 신랑 예수님이 당신을 책임지시려고 당신의 문제마저 선용하셔서 독대하고자 부르신다. 이때 신자는 신랑의 음성을 듣고 잠에서 깬다.

나의 사랑하는 자가 내게 말하여 이르기를

나의 사랑, 내 어여쁜 자야 일어나서 함께 가자 아 2:10

새벽을 '깨워서' 기도하는 자

이 유형은 신랑의 부르심에 여러 번 기도의 자리로 나가 본 자다. 그리스도와 새벽 밀회를 가져본 사람은 그분을 더 깊이 만난다. 새벽 밀회의 맛을 알아버린다. 그리고 맛 본 이상, 더 이상 예전으로 돌아가지 못한다.

그는 새벽 밀회의 자리에서 가장 소중한 것을 발견한다. 하루를 시작하기 전에, 한적한 곳에서, 그리스도와 둘만의 시간을 갖는 것의 무한한 가치를 깨닫는다. 잠보다 더 소 중한 것, 일정의 우선순위를 전부 바꿔버릴 만큼 가치 있는 것, 밤 문화에 지배당한 관계로부터 소외당한다 해도 포기 할 수 없는 것을 말이다. 그리고 새벽 순종자가 된다.

새벽 순종자는 자신의 새벽을 아낌없이 내놓는다. 그리 스도와의 열애를 누리기 위해 새벽을 지키려 몸부림친다. 천국 혼인 잔치를 바라며 잠자리를 박차고 일어난다. 아 버지의 집으로, 기도의 자리로 달려간다.

그에게 새벽은 사랑하는 시간이다. 그리스도와 나누는

사랑의 열병에 몸도 마음도 빼앗기는 시간이다. 더 자고 싶은 욕구나 야간의 일과들은 간단히 무시당한다. 해보다 먼저 떠오르는 그리스도의 사랑 앞으로 나가는 게 다른 무엇보다 소중하기 때문이다.

새벽 순종자는 자발적으로 일어난다. 새벽을 깨워 영적 로맨스를 쟁취한다. 그는 새벽에 잠을 포함한 다른 일 하기를 매우 아까워한다. 그리스도와 단둘이 있는 새벽을 종일 손꼽아 기다린다.

새벽이 오면, 상사병에 걸린 봄 개구리처럼, "주여, 주여…" 하고 울어댄다. 그는 그리스도와의 영적 로맨스, 세상이 줄 수 없는 복을 새벽마다 누린다. 그에게 새벽은 어떤 즐거움으로도 대체할 수 없는 기쁨의 시간, 기도의 시간이다.

하나님이여 내 마음을 정하였사오니

내가 노래하며 나의 마음을 다하여 찬양하리로다

비파야, 수금아, 깰지어다

내가 새벽을 깨우리로다 시 108:1,2

새벽 순종자는 싸운다

새벽 순종자는 자기 부인을 배운다. 사랑으로 감당하는 자발적 순종을 반복하면서, 자기 부인을 시도하게 된다. 자기 부인은 제자화의 주요 태도다(마 16:24).

그는 새벽 기상이라는 우선순위에 맞추어 일상의 습관을 바꾸기 시작한다. 그때 새로운 관점이 하늘로부터 주어진다. 새벽 순종을 하기 전에는 도저히 알 수 없던 것을 깨닫는다. 예를 들어 '아, 대부분의 일정에 신랑이신 예수님을 대적하는 비성경적 정욕들이 있었구나! 나의 생활 습관이 그동안 너무 세속적이었구나!' 이런 식으로 말이다.

깨달음은 새로운 행동을 일으킨다. 새벽 순종자는 그동안의 정욕과 생활 방식을 기꺼이 포기한다. 그리스도만을 유일한 영적 신랑으로 삼으면 벌어지는 일이 있다. 바로 '가치의 변화', 절대적 사랑의 대상 외에 다른 것은 모두 상대화되는 것이다.

누구에게나 하나님보다 더 사랑하는 것들이 있다. 우상 숭배는 호세아 시대나 지금이나 여전히 만연하다. 하지만 새벽 순종 이후, 이전에는 인지하지 못했던 우상을 발견한다. '하나님보다 더 사랑하는 것이 우상이다'라는 명제가 내면화된다. 그리스도만 섬기는 사랑이 실제가 된다.

우리 안에 존재해야 하지만 존재하지 않는, 그리스도와의 사랑을 향한 더 큰 갈망을 위해, 새벽 순종자는 싸운다. 그리스도를 대적하는 밤 문화와 싸우고, 비성경적 생활 습관과 싸우고, 기도하기를 싫어하는 모든 정욕과 싸운다. 그의 새벽은 사랑의 전장(戰場)이다.

　누가 시켜서 하는 싸움이 아니다. 그리스도 안에서 진정한 만족감을 누리기 위한 자발적 싸움이다. 시간과 장소를 구별하여 그리스도의 말씀과 독대하기 위한 갈급한 몸부림이다.

새 / 벽 / 노 / 트

'새벽기도에 한번 나가볼까?' 하고 생각한 적이 있나요?
(삶의 어려움으로 인해 기도의 자리로 내몰렸던 경험)

하나님이 당신을 새벽에 깨우시는 것 같다고 느낀 적이 있나요?

예수님과 영적 열애를 누리고 싶은 열망에 사로잡혀서 새벽기도를
사모했던 적이 있나요? 없다면, 이를 위해 새벽에 기도해 보세요.

──────○ 이 새벽, 하나님이 주신 마음을 적어보세요 ○──────

chapter 11

잠 관리

✳

야곱이 잠이 깨어 이르되
여호와께서 과연 여기 계시거늘 내가 알지 못하였도다 창 28:16

사과는 백설 공주를 죽이지 않았다

새벽에 기도하자는 도전을 받아본 적이 있는가? 그때 가장 먼저 떠올랐던 건 무엇인가? '새벽'인가, '새벽기도'인가?

질문의 이해를 위해 잠시 백설 공주 이야기를 빌리자면, 백설 공주를 죽인 건 '사과'가 아니라 '독이 든 사과'였다. 사과 자체는 아무 잘못이 없었다.

새벽 순종을 어려워하는 이유도 이와 비슷한 면이 있다. '새벽기도' 자체는 문제가 없다. 다만 '새벽'이라는 시간에 대한 잘못된 생각이 독이다. '기도'는 쏙 빼고, '새벽 기상의 어려움'에만 강조점을 두는 관점에 문제가 있다.

많은 사람이 새벽에 기도하자는 도전 앞에 놓이면, 새벽기도의 이유나 정의에 대해서는 궁금해하지 않고, '갑자기 새벽에 어떻게 일어나지?'만 근심한다. 이 염려로 점철된 새벽기도가 바로 독이 든 사과다.

새벽기도가 순종을 죽이는 게 아니다. 새벽 기상에 대한 염려가 성도의 기도 순종을 죽인다. 기존의 생활 습관은 유지하면서, 새벽에 일어나 기도까지 해야 한다고 걱정하는 것이 독이다. 이 독을 제거할 때, 새벽 순종이 가능해진다. 과연 어떻게 제거할 수 있을까?

수면 지식과 지혜

독 제거의 첫걸음은 독을 분석하는 게 아니라 진실을 직시하는 것이다. 말씀만이 진실이다. 성경에 의하면 수면은 독이 아니다. 잠 자체는 새벽기도의 적이 될 수 없다. 잠은 거룩하신 하나님이 주신 거룩한 피조물이요, 선물이다. 본래 잠은 선하다.

크리스천은 그리스도를 주인 삼은 존재로서, 그리스도의 청지기다. 청지기에겐 소유한 것이나 소유하지 않은 모든 것이 다 주인의 것이다(시 24:1). 청지기의 소명은 맡은 것을 주님의 뜻대로 관리하는 것이다. 관리 대상엔 잠도 포함된다. 잠 역시 하나님이 주신 의도와 목적에 맞게 관리하며 사용해야 한다. 청지기로서 제대로 관리하려면 주인의 의도를 아는 지식과 그대로 실행하는 지혜가 필요하다.

- 지식: 먼저 하나님께서 잠을 주신 이유와 목적을 알고, 그 실행법을 알아야 한다.
- 지혜: 다음으로 올바른 지식에 따른 순종 행위를 반복하며 체득해야 한다.

잠에 대한 다섯 가지 지식

하나님은 창조주시고, 인간은 피조물이다. 인간의 모든 기능을 하나님이 지으셨다. 하나님은 가장 지혜로운 존재시다. 그분의 말씀인 성경에, 잠에 대한 지식과 지혜가 기록되어 있다. 잠이란 무엇이며, 하나님의 뜻대로 어떻게 사용해야 하는지를 성경에서 함께 찾아보자.

① 잠은 하나님의 창조 사역과 관련이 있다

잠에 대한 최초의 기록은 창세기에 나온다.

여호와 하나님이 아담을 깊이 잠들게 하시니

잠들매 그가 그 갈빗대 하나를 취하고

살로 대신 채우시고 **창 2:21**

하나님은 그분의 일을 하시기 위해 아담을 재우셨다. 아담으로부터 하와를 만드는 창조의 일을 하시기 위해서. 이 일은 하나님과 아담의 동역이었다. 이때 아담의 역할은 자는 것이었다. 그는 하나님의 뜻대로, 잠만 잘 자면 되었다.

② 잠은 하나님을 의지하는 사람이 얻는 선물이다

잠에 대한 기록이 가장 많이 나오는 성경은 잠언이다.

네가 누울 때에 두려워하지 아니하겠고

네가 누운즉 네 잠이 달리로다 **잠 3:24**

이 구절에 따르면, 잠은 하나님의 선물이다. 아무에게나 주시지 않는다. 하나님을 신뢰하는 자에게만 주신다. 하나님을 의지하는 사람은 두려움 없는 단잠을 누린다.

③ 잠을 보면 그의 게으름을 판단할 수 있다

잠에 대한 기록 중 가장 많이 알려진 내용은 다음 구절일 것이다.

게으른 자여, 네가 어느 때까지 누워 있겠느냐

네가 어느 때에 잠이 깨어 일어나겠느냐

좀 더 자자, 좀 더 졸자, 손을 모으고 좀 더 누워 있자 하면

네 빈궁이 강도같이 오며 네 곤핍이 군사같이 이르리라

잠 6:9-11

잡초가 무성한 밭의 주인은 분명 게으른 사람일 것이다. 잠을 제대로 관리하지 않고, 그저 되는 대로 놔두는 사람도 틀림없이 게으른 사람이다. 잠을 관리하지 못하는 상태는 게으름이며, 그는 빈궁과 곤핍의 열매를 얻을 것이다.

④ 잠은 영적 무감각 상태를 의미한다

잠에 대한 또 다른 의미는 영적 무지와 무감각이다. 이것은 에베소서에 잘 나타난다.

그러므로 이르시기를 잠자는 자여

깨어서 죽은 자들 가운데서 일어나라

그리스도께서 너에게 비추이시리라 하셨느니라 **엡 5:14**

여기서 "잠자는 자", "죽은 자"란 예수 그리스도를 모르는 자를 뜻한다(예수님 역시 죽음을 잠든 상태로 표현하셨다, 요 11:11). 반면에 "깨어서"라는 표현은 예수님이 그리스도시며 구원자라는 사실을 믿고 깨달은 상태를 말한다. 예수님을 자신의 구원자로 믿고 받아들인 사람은 '깨어 일어난 자'다.

⑤ 잠은 그리스도의 능력을 보여준다

예수님이 승천하실 때 제자들에게 성령 강림을 약속하셨다(행 1:5). 이 약속이 이뤄지면, 성령의 사람들은 "예루살렘과 온 유대와 사마리아와 땅끝까지 이르러" 성령의 권능으로 일하는 그리스도의 증인이 될 것이었다(행 1:8).

그리고 얼마 후, 약속대로 성령님을 받은 사역자들의 이야기가 사도행전에 펼쳐진다. 그러다 스데반 집사와 사도 야고보의 순교 직후, 사도 베드로까지 잡혀가 죽을 위기에 처한다. 이때 성경은 베드로의 잠에 관해 말씀한다.

헤롯이 잡아내려고 하는 그 전날 밤에

베드로가 두 군인 틈에서 두 쇠사슬에 매여 누워 자는데

파수꾼들이 문 밖에서 옥을 지키더니 **행 12:6**

베드로는 죽음을 앞두고 자고 있었다. 어떤 두려움도 없었다. 그가 이토록 태연할 수 있었던 이유는 앞서 사도행전 1장 8절에 나오는 '성령의 권능'이 주어졌기 때문이었다. 그는 이미 죽음을 초월한 자였다. 그의 초연한 잠은, 풍랑 이는 바다 위에서도 주무셨던 예수님을 연상시킨다 (막 4:38). 베드로의 잠은 죽음도, 자연도 이기는 그리스도의 능력을 나타낸다.

잠에 대한 지혜

우리는 마음대로 자고 깨서는 안 된다. 성경 속 잠에 대한 지식을 삶에 적용해야 한다. 하나님의 말씀에 순종해서 잠이 들고 깨야 한다. 지식은 반복하며 순종할 때 지혜가 된다. 앞서 살펴본 성경 속 잠에 대한 다섯 가지 지식을 삶에 적용해 보자.

① 잠은 하나님의 창조 사역과 관련이 있다(창 2:21)

잠의 목적은 하나님의 일을 하는 데 있다. 그 일은 인간과 동역하시는 하나님의 창조 사역이다. 이때 인간의 순종이란, 자는 거였다. 수면하는 것이 순종이었다. 잠은 순종이다. 하나님이 재우실 때는 자야 한다.

언제 자야 할까? 성경은 잠자는 시간을 직접적으로 명시하지는 않았다. 그러나 "저녁부터 아침까지" 자는 게 자연스럽다. 창조 시 하나님은 "저녁이 되고 아침이 되니"(창 1:5, 8,13,19,23,31)의 패턴을 반복하셨다. 이는 저녁과 아침 사이가 하나님의 창조 사역이 피조 세계에 자리 잡는 시간임을 보여준다.

② 잠은 하나님을 의지하는 사람이 얻는 선물이다(잠 3:24)

일반적 의미의 선물은 특별한 관계에서 주고받는 가치 있는 것이다. 예를 들어, 아버지가 유품으로 물려주신 손목시계를 팥죽 한 그릇에 팔아버릴 아들은 없을 것이다.

마찬가지로 잠을 하나님의 선물로 여긴다면, 함부로 아무렇게나 다룰 크리스천은 없을 것이다. 아래 질문에 답하며, 자신의 현재 수면 습관과 잠에 어떤 가치를 부여하고 있는지 돌아보자.

• 잠을 선물로 주신 하나님께 감사하고 있는가?

만약 선물을 받은 사람이 선물을 그 자리에 두고 떠난다면, 선물한 사람의 기분이 어떨까? 선물을 잘 받는 것은 선물한 사람에 대한 예의다. 마찬가지로, 잠을 선물 받은 우리가 잘 자는 것이 잠을 선물하신 하나님에 대한 예의다.

나는 밤마다 잠을 주신 하나님께 감사하는가? 새벽마다 잠에서 깨어 일어나는 것에 감사하는가?

• 언제, 어떻게 자는가?

수면과 기상을 어떻게 준비하고, 관리하고, 계획하는가? 나의 수면 습관에는 잠을 소중히 여기는 태도가 있는가?

③ 잠을 보면 그의 게으름을 판단할 수 있다(잠 6:9–11)

잠은 관리 대상이다. 잠언에 따르면, 잠을 관리하는 수준은 부지런함과 관련 있다. 이는 영적 청지기의 수준을 결정하는 주요 지표 중 하나다. 다음 질문에 답해보자.

• 잠을 어떻게 관리하고 있는가?

피조 세계에는 일관성이 있다. 어제는 아침 6시에 해가 떴는데, 오늘은 갑자기 오후 2시에 뜨지 않는다.

이처럼 나의 수면 패턴에도 일관성이 있는가? 같은 시간에 자고 일어나는가? 이를 위해 어떻게 몸을 돌보고, 시간을 관리하는가? 수면의 질을 높이기 위해 어떤 노력을 기울이고 있는가? 어떻게 유지, 보완하는가?

혹 몸이 원하는 대로 자고 깨지는 않는가? 수면 관리에 일관성이 없다면, 수면의 목적을 다시 생각해 보자.

• 수면 관리에 새벽기도와 관련한 내용이 있는가?

새벽에 기도하기 위해 수면 관리를 해본 적이 있는가? 그 내용을 꾸준히 업그레이드 해왔는가?

④ 잠은 영적 무감각 상태를 의미한다(엡 5:14)

보이는 것이 전부가 아니다. 모든 보이는 것의 이면에는 보이지 않는 믿음의 세계가 있다(히 11:3). 보이는 잠과 보이지 않는 (영적 의미로서의) 잠은 서로 연결되어 있다. 영적 의미로 잠든 상태란 '영적 죽음', 곧 그리스도를 모르는 상태를 의미한다. 여기서 빨리 벗어나야 한다.

다음 질문에 답해보자.

• 하루 중 영적 무감각에 가장 빠지기 쉬운 때가 언제인가?

저녁과 밤 시간에, 새벽과 아침 시간에 주로 어떤 일을 하는가? 하나님께 더 집중하기 어려운 시간은 언제인가? 그 이유는 무엇인가?

• 영적 무감각 상태의 잠에서 벗어난다는 건 어떤 의미인가?

성경이 기도를 어떻게 묘사하는지 알기 위해, 다음 구절들을 찾아보자(마 26:41, 막 14:38, 눅 21:36, 22:40, 고전 16:13, 엡 6:18, 골 4:2).

⑤ 잠은 그리스도의 능력을 보여준다(행 12:6)

그리스도께서는 풍랑 이는 바다 위에서도 주무셨다. 여기에는 한배에 타고 있던 제자들의 믿음을 훈련하기 위한 의도도 있었겠지만, 먼저는 그분의 능력 때문에 주무실 수 있었다. 죽음을 이기는 능력, 말씀 한마디로 바다를 잠잠케 하시는 능력 앞에 풍랑은 아무런 위협도 되지 않았다.

그리스도는 창조주시다(요 1:3). 만물이 그분의 발아래 있으며, 풍랑과 죽음 역시 그분의 통제 아래 있다(골 1:13-23). 그리스도와 동행한 성령의 사람 베드로는 잘 잤다. 죽음의 공포도 이기는 그리스도의 평안이 그를 지배했다. 얼마나 숙면했는지 천사조차 그의 옆구리를 쳐서 깨워야 할 정도였다(행 12:7).

이런 성경 지식을 기반으로, 다음 질문에 답해보자.

• **나는 종종 밤잠을 설치는가, 아니면 그리스도의 능력과 평강에 근거해 숙면하는가?**

불면의 이유는 무엇인가? 염려나 불안 때문인가? 그렇다면 불면을 그리스도의 능력과 평강을 구하는 도구로 선용해 보자.

• **무엇이 나를 새벽까지 깨어 있게 만드는가?**

그것은 그리스도의 능력이나 평강과 관련 있는가? 성경에 등장하는 잠 못 이루는 기도자들은 누구이며, 그들의 기도 제목은 무엇이었는가? (시 6:1-10, 사 38:10-13, 눅 6:12,13, 행 16:25)

새 / 벽 / 노 / 트

잠도 하나님의 것입니다. 당신은 잠을 하나님의 뜻대로 관리해 드리고
있나요? 영적 청지기로서 자신의 삶을 돌아봅시다.

수면 패턴에 변화가 필요한 부분은 무엇인가요? (수면 시간, 습관, 방법 등)

위 내용을 어떻게 바꾸고, 유지할 수 있을까요? 구체적으로 적어보세요.

───────◦ 이 새벽, 하나님이 주신 마음을 적어보세요 ◦───────

chapter 12

깨어 있는 기도

✳

너희가 전에는 어둠이더니
이제는 주 안에서 빛이라 빛의 자녀들처럼 행하라 엡 5:8

잠들어 있는 사람들

유월절과 함께 예수님의 공생애 마지막 순간이 다가오고 있었다. 예수님은 갈릴리에서의 사역을 마무리하며 예루살렘으로 향하셨다(마 21:1). 십자가 고난이 기다리는 곳으로 들어가셨다.

예수님의 등장으로 많은 군중이 몰려나왔다. 그들은 예수님을 정치적 왕으로 모시고 싶었다. 사람들은 "호산나"라고 외치며 겉옷과 나뭇가지를 길에 폈다(마 21:8). 소란한 사람들 사이로 어린 나귀를 탄 한 청년이 초라하게 지나갔다.

유월절을 지내기 위해 도처에서 몰려온 유대인들은 예루살렘의 소란을 듣고 예수가 누구냐고 물었다. 사람들은 "갈릴리 나사렛에서 나온 선지자"라고 대답했다(마 21:11).

군중의 생각은 나뉘어 있었다. 저마다 자기 소원을 예수께 투영했다. 한편에서는 예수님이 자신들의 정치적 구원자가 되어주길 바랐다. 또 다른 편에서는 그를 선지자로 생각하며 이적을 더 일으켜 주기를 원했다. 그러나 예수님이 진짜 누구신지에 대해서는 무지했다.

예루살렘은 예수님에 관한 헛소문, 그분께 투영한 자기 소원으로 들끓었다. 그들은 영적인 잠에 깊이 빠져 있었다. 예수 그리스도의 십자가 구원의 새벽이 그토록 가까운 줄은 꿈에도 몰랐다.

그곳의 지도자들은 예수께 환호하는 군중을 보며 놀랐다. 예수님의 인기가 부러웠다(마 27:18). 부러움이 낳은 시기심이 그들의 눈과 귀를 가렸다. 봐도 못 보고 들어도 못 듣는 상태가 되었다(막 8:18). 그들의 마음은 예수님에 대한 살의(殺意)로 가득했다.

군중이나 지도자나 매한가지였다. 예수님이 누구신지 아는 이가 없었다. 모두 잠자는 듯했고, 죽은 것 같았다. 눈앞의 빛을 빛으로 깨닫지 못했다(요 1:5).

기도하는 집

예루살렘에 입성하신 예수님은 성전부터 둘러엎으며 말씀하셨다.

그들에게 이르시되 기록된 바

내 집은 기도하는 집이라 일컬음을 받으리라 하였거늘

너희는 강도의 소굴을 만드는도다 하시니라 마 21:13

성전은 하나님의 임재가 있는 장소였다. 저마다 자기 안에 있는 것을 하나님께 주장하는 장소가 아니었다. 성전을 찾는 자들의 일은 기도였다(사 56:7).

예수님은 분노하셨다. 성전에 마땅히 있어야 할 게 없었기 때문이다. 말씀의 빛도, 진리로 깨어난 신자도, 하나님의 임재를 구하는 기도자가 없었다. 대신 사리사욕과 어둠만이 가득했다. 예수님은 분노하셨다. 분노도 사명이었다.

이로부터 얼마 뒤, 예수님이 죽으시고 부활하사 승천하신 후, 성경의 약속대로 성령 하나님이 오셔서 신자들 안에 내주하시기 시작했다. 성령님의 임재가 그리스도를 통해 하나님의 백성들 안에 거하시게 되었다(행 2:17). 이미 예수께서 성전이셨다(요 2:21). 그래서 예수님의 사람들은 성전이 그 몸 안에 있는 사람이 되었다(고전 3:16).

성전은 자기 생각을 예수께 투영하는 장소가 아니다. 잠자는 숙박 업소도, 죽은 상태로 머무는 납골당도 아니다. 성전은 깨어 기도하는 곳이다. 살아계신 그리스도께서 성령으로 임재해 계시는 거룩한 하나님의 전이다. 자기 생각을 죽이고, 하나님의 뜻을 가득 담고, 순종을 기약하며, 예배하는 곳이다.

예수님은 성전을 "기도하는 집"이라 부르시며, 기도에 대한 말씀을 이어가셨다.

이러므로 너희는 장차 올 이 모든 일을 능히 피하고
인자 앞에 서도록 항상 기도하며 깨어 있으라 하시니라

눅 21:36

예수님은 이에 앞서 무화과 나무 비유를 말씀하셨다(마 21:18-22). 이는 종말 심판에 대한 비유였고, 믿음으로 기도하라는 명령이었다.

예수께서 대답하여 이르시되 내가 진실로 너희에게 이르노니

만일 너희가 믿음이 있고 의심하지 아니하면

이 무화과나무에게 된 이런 일만 할 뿐 아니라

이 산더러 들려 바다에 던져지라 하여도 될 것이요

너희가 기도할 때에 무엇이든지 믿고 구하는 것은

다 받으리라 하시니라 **마 21:21,22**

예수님은 종말을 통과하는 제자도를 보여주셨다. 그
것은 '기도'였다. 기도는 산 위에 빛나는 도시를 들어 창조
의 바다에 던져 넣는 믿음의 일이었다. 영적인 빛으로 깨어
나지 못하고 여전히 잠들어 있는 예루살렘과 산 위의 도시
를, 제자들은 믿음으로 깨울 수 있었다.

'잠 깨다'라는 말은 기도의 본질을 잘 보여주는 표현이
다. 이것은 우리가 드려야 할 믿음의 기도에 뒤따라야 하
는 순종의 행위와 관련이 있다.

깨어 있으라

우리의 몸은 소유자가 따로 계신다. 예수 그리스도 안
에서 하나님의 소유, 그분의 성전이 된 몸이다(고전 6:19).
신자들의 몸 안에 하나님의 지성소가 주어졌다. 예수님을

그리스도로 알고 믿는다면, 당신의 몸도 하나님의 임재가 있는 성전이다. 성전 된 신자의 몸은 하나님을 만나는, 기도가 가득한, 거룩한 장소다. 일시적인 거룩과 주기적인 죄가 섞여 있어도 되는 곳이 아니다.

성전의 다른 말은 '기도하는 집'이다(마 21:13, 막 11:17, 눅 19:46). 우리는 기도하는 존재가 되었다. 우리의 몸은 기도의 향기가 계속 새어 나오는 기도의 집이다. 그런 우리에게 예수님은 잠든 상태를 허용하신 적이 없다. 오히려 노끈으로 채찍을 만들어 치며 깨우신다(요 2:15). 우리가 제멋대로 펼쳐둔 상과 의자, 그리스도와 상관없는 도구들을 모조리 둘러엎으신다(마 21:12).

그리스도께서 우리를 깨우고 또 깨우신다. 기도의 집에 걸맞은 존재가 되기를 요구하신다. 말씀을 펼쳐 든 우리는 깨어나야 한다. 눈을 뜨고 귀를 열고, 예수 그리스도의 빛을 직시하며 받아들여야 한다(엡 5:14). 주 안에서 빛이 된 존재는 빛의 자녀처럼 행해야 한다(엡 5:8).

우리는 더 이상 영적 어둠과 무지의 상태에서 각종 불안과 염려에 시달릴 필요가 없다. 예수 그리스도의 빛으로 나아가는 것만이 우리가 순종해야 할 기도의 방향이자 내용이다.

선각자의 새벽

기도는 명상 행위가 아니다. 명상은 자기 안에 진리가 있다는 착각으로 빠져드는 헛짓이다. 진리는 인간 바깥에 있다. 하나님의 말씀인 성경이 진리다. 성경 66권은 모두 예수님이 그리스도이심을 증거하는 복음의 진리를 담고 있다.

기도자는 몸 바깥에 있는 진리를 향해 '깨어난 사람'이다. 자기 안에서 진리를 캐내는 사람이 아니다. 자기 몸이 기도의 전으로 바뀐 상태를 확인하고 믿는 자다.

깨어난다는 것은 진리에 대한 자각을 의미하며, 이는 비진리에 대한 자각을 전제한다. 하나님의 임재의 빛 앞에서 자신의 어둠과 무지를 발견한 선각자(先覺者)의 상태와 같다(사 6:5). 예수 그리스도의 빛이 몸 안으로 밀려들어 오면, 자신의 진짜 상태에 눈뜨게 된다(눅 5:8, 18:13, 요 8:10).

깨어난 자는 깨닫게 한 대상에게 집착한다(요 6:28,29). 예수님의 도(道)를 추구한다(행 9:2). 유일한 길이 되신 분, 예수 그리스도를 더욱 알고자 한다(요 8:12, 9:5, 12:46).

존재의 처소는 마음이다. 깨어난 존재는, 외부에서 들어와 자기 마음에 담긴 진리의 말씀으로 향한다. 들어가 보면, 그곳에 지성소가 있다. 거기에 하나님의 성령이 충만히 거하신다.

그곳에서 선각자는 사사로운 자기주장을 기꺼이 포기하고, 말씀 되신 그리스도와 대화를 나눈다. 무려 하나님이 몸 안으로 들어와 사시니, 다른 길은 거들떠볼 필요가 없다. 항상 기도하는 마음가짐에 순순히 복종한다. 여기서 벗어날 이유나 소원은 없다. 그는 기도의 충만한 기쁨을 항상 누린다(요 16:24, 행 13:52).

깨어난 자는 말씀을 따라 시간을 경영한다. 주어진 모든 것을 말씀대로 관리한다. 관리 대상엔 잠도 포함된다. 선각자의 새벽은 영적으로 깨어난 내면의 상태를 물리적으로 반영하는 실제다. 그는 새벽에 영육을 기도하는 상태로 늘 깨워 살아계신 하나님과 대화한다. 말씀을 상고(詳考)한다. 찬양한다. 기쁨을 누린다. 자기를 부인한다.

내면에 가득 들어찬 하나님의 말씀과 예수 그리스도의 구원을 향해 새벽마다 나아간다. 그에게 새벽은 물리적인 시간일 뿐 아니라 영적인 시간이다. 바깥에서 안으로 들어와 다시 바깥으로 나가는 진리에 대한 순종의 시간이다.

새 / 벽 / 노 / 트

예수님이 성전을 둘러엎으신 이유는 무엇인가요?
(마 21:12, 요절을 내 말로 풀어 써보세요)

성경에 의하면 당신의 몸은 무엇인가요?
(고전 6:19, 요절을 적으며 입술로 시인해 보세요)

예수님이 내 안에서 둘러엎기를 원하시는 것이 있다면 무엇일까요?

———◦ 이 새벽, 하나님이 주신 마음을 적어보세요 ◦———

chapter 13

그리스도로 옷 입기

*

오직 주 예수 그리스도로 옷 입고
정욕을 위하여 육신의 일을 도모하지 말라 롬 13:14

분홍색 반바지

몇 년 전, 한 선교단체에서 주최한 수련회에서 4일간 설교자로 섬기느라 선교지에 갔다. 청중은 대학생이었다. 모든 일정을 마친 날 밤, 몇몇 청년이 내 숙소로 찾아왔다. 성경과 인생에 대한 질문을 가득 안고. 우리는 늦게까지 대화하며 함께 기도했다.

헤어질 시간이 되자 그들이 머뭇거렸다. 좀처럼 발걸음이 떨어지지 않는 모양이었다. 나는 청년들에게 뭐라도 주고 싶었다. 마침 설교 복장으로 가져갔던 내 옷가지가 보였다. 그것을 하나씩 선물로 주었다. 돌아올 때 입을 반바지와 티셔츠와 슬리퍼를 제외하고 모두 나눠주었다.

다음 날, 나는 하루 동안 숙소에 머물며 쉰 후에 귀국할 생각이었다. 그런데 아침 일찍, 현지 선교사님이 방문을 두드렸다.

"목사님, 이제 출발하셔야지요."

내가 의아한 표정으로 물었다.

"네? 우리가 어디 가기로 했었나요?"

선교사님은 반바지에 슬리퍼 차림으로 나온 나를 보며 말했다.

"아이고, 오늘 종일 교회 개척 세미나 인도하시기로 했잖아요. 어서 옷 입고 나오셔요."

원래 계획상으로는 마지막 날에 일정이 없었다. 그런데 수련회 첫날 집회를 마치고 숙소로 돌아오던 길에 선교사님과 새로운 일정을 잡았고, 그 사실을 그만 깜빡했던 거였다.

입고 갈 옷이 없었던 나는 선교사님에게 부탁할 수밖에 없었다.

"아, 선교사님! 제가 까맣게 잊고 있었네요. 죄송하지만, 옷 좀 빌려주세요."

청년들에게 옷을 다 나눠주었다는 이야기를 들은 선교

사님은 크게 웃으며 옷을 바꿔 입자고 했다. 강의는 무리 없이 진행되었다. 점잖은 목사님들 사이로 분홍색 반바지를 입은 선교사님이 환하게 웃고 있었다.

예수님의 옷을 입다

내가 당할 부끄러움을 대신 당해준 선교사님을 보며, 예수님이 해주신 일이 떠올랐다.

예수님은 천국에 걸맞은 그리스도의 옷을 우리에게 입혀주셨다. 만약 예수님이 그분의 옷을 우리에게 주지 않으셨다면, 우리는 죄 가운데 심판받는 수치와 고통을 고스란히 겪어야 했을 것이다.

그리스도께서 우리에게 새 옷을 입혀주셨다. 그 옷은 그리스도 안에서 얻은 새 신분에 합당한 옷이다(롬 13:11-14). 그러나 그리스도의 옷, 빛의 갑옷은 공짜가 아니었다. 예수님은 우리에게 그 옷을 입히시려고 벌거벗김을 당한 채 십자가를 지셨다(요 19:23). 우리가 새로 받은 옷은 예수님이 고난의 값을 지불하고 주신 선물인 것이다.

한 설교자의 말대로다.

그분은 죄의 수치를 입으셨다(벧전 2:24). 십자가 위에서 그리스도께서 입으신 옷은 무엇인가? 죄다. 당신과 나의 죄의 옷이다. 온 인류의 죄의 옷이다. … 그것이 예수님이 하신 일이다.

남이 입다가 내놓은, 잘 맞지도 않는 옷 얘기가 아니다. 그분은 이음매 없는 순결의 옷을 내게 내주시고, 자신은 교만과 탐욕과 이기심으로 누덕누덕 기운 내 추한 옷을 대신 입으신다. 우리에게 자신의 의를 입히시려 친히 우리의 죄를 입으신 것이다.

_《예수가 선택한 십자가》, 맥스 루케이도, 159–161쪽

우리는 예수 그리스도의 십자가 복음으로 구원받은 성도다. 이전에는 죄의 종이었지만, 이제 죄에서 벗어나 의롭게 되었다(롬 6:6,7). 새 삶을 받았고(고후 5:17) 하나님의 자녀라는 새 이름도 얻었다(요 1:12, 롬 8:15). 새 신분과 새 이름에 걸맞은 예수 옷도 받았다(롬 13:14).

이제 성도는 예수 그리스도로 옷 입고 산다. '나'를 감추고 '예수'로 산다.

옷은 존재의 변화를 불러온다

옷 이야기를 하나 더 해보자. 하루는 70킬로미터 사이클링을 했다. 한강길로 달리다가 옥수역 앞 편의점에 도착했다. 잠시 휴대전화를 확인하는데, 지인에게서 부고 문자가 와 있었다. 마침 장례식장은 고작 5킬로미터 떨어진 곳에 있었다. 하지만 곧장 갈 수 없었다. 복장 때문이었다. 소위 '쫄쫄이 복장'으로 문상을 갈 수는 없는 노릇이었다. 장례식에는 장례식 복장이 필요했다.

어디든 그렇다. 옷은 행동을 통제한다. 검은 양복 차림으로 수영대회에 출전할 수 없고, 수영복 차림으로 결혼식 피로연에 등장할 수는 없다. 행동은 옷의 제약을 받는다.

예수 그리스도로 옷 입는 것도 마찬가지다. 예수 옷을 입은 사람은 더 이상 이전과 같은 행동을 할 수 없다. 예수님처럼 행하는 것이 옷에 걸맞은 행동이다.

이것은 방법의 문제가 아니라 존재의 문제다. 행동이 반복되면 습관이 되고, 습관은 한 사람의 존재를 이룬다. 예수로 옷 입은 사람은 행동도 바뀐다. 예수님의 말씀대로 사는 존재가 된다.

"빛의 갑옷"(롬 13:12)을 입는다는 건 어둠을 물리치는 영적 군사로 산다는 뜻이다. 새벽 기도에도 걸맞은 영적 옷이 있다. 그리스도를 따르는 데 적합한 그리스도의 옷이다. 이 옷은 밤 문화를 좇는 행동과는 어울리지 않는다.

깨어 기도하라, 시험에 들지 않게!

예수님은 기도 전문가시다. 기도를 배울 필요가 없는 분이다. 제자들은 그분께 기도를 가르쳐달라고 했고, 예수님은 주저 없이 가르쳐주셨다(마 6:9-13). 그 내용은 구체적이었다. 내용뿐 아니라 기도의 모범까지 매일 보여주셨다. 예수님은 "깨어 기도"하라고 반복해서 말씀하셨다.

시험에 들지 않게 깨어 있어 기도하라
마음에는 원이로되 육신이 약하도다 하시고 **막 14:38**

이러므로 너희는 장차 올 이 모든 일을 능히 피하고
인자 앞에 서도록 항상 기도하며 깨어 있으라 하시니라
눅 21:36

제자들은 성령의 선물을 받기 전까지 기도의 가치를 깨닫지 못했다. 예수님과 함께한 마지막 새벽기도 때 쿨쿨 잠든 모습만 봐도 알 수 있다.

제자들에게 오사 그 자는 것을 보시고
베드로에게 말씀하시되
너희가 나와 함께 한 시간도 이렇게 깨어 있을 수 없더냐
시험에 들지 않게 깨어 기도하라
마음에는 원이로되 육신이 약하도다 하시고 **마 26:40,41**

예수님은 그들에게 "깨어 기도하라"라는 표현으로 명령하셨다. 맥락상, 이 명령은 새벽에 기도하는 중에 하신 말씀이다. 십자가를 지시기 전날 밤, 제자들이 예수님과 함께 물리적으로 깨어 기도해야 한다는 뜻이었다.

하지만 그것이 의미의 전부는 아니다. 이 구절의 앞 부분을 보면 "시험에 들지 않게"라고, 깨어 기도해야 하는 이유를 말씀하셨다. 이로써 "깨어 기도"하는 건 영적인 의미도 포함하고 있음을 알 수 있다.

하지만 제자들은 예수님과 함께 새벽에 깨어 기도하지 않았다. 자다 깨다 했다. 그 결과, 예수께서 십자가를 지실 때, 요한을 제외하고는 아무도 그 자리에 없었다. 모두 시험에 빠졌다. 예수님의 명령에 불순종한 결과였다.

깨어 기도하지 않는 사람은 쉽게 시험에 빠진다. 육체적으로 깨어 기도하지 않으면, 영적으로도 쉽게 잠든 상태가 된다. 기도해야 할 시간에 물리적 수면 상태인 것은 영적으로 해롭다. 예수님을 떠나는 죄를 범하게 만든다.

새벽기도는 '새벽'이라는 물리적 시간에 하는 것이다. 영과 육은 밀접하게 연결되어 있기에 육체적 각성은 영적 각성으로 이어진다. 우리가 예수 그리스도의 십자가 복음으로 옷 입을 때 영적으로 각성하게 된다.

성경은 만고불변이다. 겟세마네 동산의 새벽기도 이야기는 지금도 통한다. 예수님과 함께하는 새벽기도의 효과는 오늘을 살아가는 우리에게 여전히 유효하다. '깨어 기도하느냐, 시험에 빠지느냐'의 갈림길이 우리 앞에 놓여 있다.

예수님은 십자가 죽으심을 통해 나를 구원하셨다. 이 진리를 새벽마다 그분과 함께 기도하며 거듭 확인하고 확신해야 한다. 깨어 기도하지 않으면 복음은 찬밥 신세가 된다.

지금도 예수님은 "깨어 기도"할 것을 요구하신다. 그분을 만나자. 예수로 옷 입은 새벽 순종자가 되자.

새 / 벽 / 노 / 트

'예수 그리스도로 옷 입는다'는 건 어떤 의미인가요? (롬 13:14)

'빛의 갑옷을 입는다'는 건 어떤 의미인가요? (롬 13:12)

'새벽기도에 걸맞은 영적 옷을 입는다'는 건 어떤 뜻일까요?
(마 26:40,41, 막 14:38, 눅 21:36)

———◦ 이 새벽, 하나님이 주신 마음을 적어보세요 ◦———

chapter 14

일상이 되려면

✳

소망 중에 즐거워하며 환난 중에 참으며
기도에 항상 힘쓰며 롬 12:12

반복하면 일상이 된다

20년 전, 나는 첫 부흥 집회 설교를 했다. 2개월 동안 기도하며 준비했다. 집회 마지막 날, 현장에 있던 분이 나를 다른 집회의 강사로 추천했고, 그렇게 외부 설교 일정이 이어졌다. 10년 넘게 집회 강사를 하다가 기독 매체 출연과 책 출간으로 더 많은 설교의 기회를 얻었다.

이제는 설교하는 것이 일상이 되었다. 더 이상 설교 준비를 2개월이나 하지 않아도 된다. 처음에는 수도권만 벗어나도 설교 초대가 부담스러웠다. 하지만 일상이 되니 국내 어디든 집 앞처럼 느껴진다. 인천공항에 드나드는 것이 한

때는 이벤트였으나, 일상이 되니 해외에 나갈 때조차 가방에 성경 하나 넣고 다녀오게 되었다.

일상이 된다는 건 반복을 의미한다. 수도 없이 반복하면 습관이 된다. 일상처럼 쉬워진다. 반면에 반복하지 않은 일은 낯설다. 일상이 아닌 이벤트는 특별하고도 어렵다.

새벽기도도 그렇다. 수도 없이 새벽마다 기도해 온 사람에게 새벽 순종은 이벤트가 아닌 평범한 일상이다.

이벤트성 새벽기도에서 벗어나는 법

그리스도로 옷 입은 자는 그리스도처럼 산다. 그에게 새벽기도란 이벤트일 수 없다. 그리스도께 새벽기도란, 이벤트가 아닌 일상이었기 때문이다.

예수께서 나가사 습관을 따라 감람산에 가시매
제자들도 따라갔더니 눅 22:39

그리스도로 옷 입은 사람은 그리스도를 따른다. 그에게 새벽기도란 예수님을 따르는 순종의 한 모습이다.

순종은 사랑과 닮았다. 한 번의 애정 공세가 아니라 꾸준한 행위이며 존재를 이루는 것이다. 순종은 가끔 돌아오는 이벤트성 신앙 행위가 아니라 천국 가는 날까지 지속하는 생활상이다.

그리스도로 옷 입은 자에게 새벽기도란 순종의 열매이며 몸에 밴 일상이다. 순종하는 자에게 새벽을 기도로 깨우는 일은 특별하거나 고차원적인 신앙 행위가 아닌 평범한 일과일 뿐이다.

이 평범함은 반복을 통해 완성된다. 한두 번의 새벽기도는 이벤트지만, 반복하면 일상이 된다. 이벤트성 새벽기도에서 벗어나는 방법은 '반복 순종'에 있다. 새벽기도를 지속하면 한결 쉬워진다. 습관이 되고 존재가 된다. 어느 순간부터 새벽기도가 나의 존재 안으로 들어와 자리 잡는다.

이처럼 일상적인 습관이 될 때까지 새벽을 기도로 깨우는 것이 새벽 순종의 초기 목표다.

새벽기도는 존재다

기도란 깨어 있는 것이다(막 14:38, 눅 21:36). '깨다'의 반대말은 무엇일까? '자다'이다(예수님은 기도 모범을 새벽기도로 보여주셨을 뿐 아니라 깨어 기도할 것을 명령하셨다).

잠에서 깨는 행위를 언제 하는가? 밤? 밤에는 잔다. 그러면 아침? 아침엔 '일어난다.' 깬다는 표현은 새벽에 써야 정확하다. 일어나기 힘들지만, 일어나야 할 때 쓰는 게 맞다.

"저는 밤새 야근하고 새벽에 자는데요. 새벽에는 깨지 않아요"라고 말하는 사람에게는 새벽에 깨는 행위가 통하지 않을 것이다. 하지만 밤새 잠들지 않는 것이 일반적인가? 밤샘은 특수한 상황일뿐더러 신체 리듬을 무너뜨리며 창조 질서에도 어긋나는 행위다. 그러니 특별한 경우를 제외하면, 깨는 행위는 새벽에 하는 것이다.

'나는 새벽기도를 할 수 있는 사람이 아니야'라며 자신을 제한하지 말길 바란다. 새벽기도가 어려운 이유는 당신의 존재가 아직 새벽기도를 하기 어려운 상태이기 때문이다. 근원적 존재 변화는 그리스도 안에서 복음의 능력으로 이미 일어났다(롬 5:12-21). 다만 그 변화의 능력으로 습관을 바꾸는 데 시간이 더 필요할 뿐이다.

한 신학자의 조언을 들어보자.

그런 뿌리 깊은 습관을 바꾸는 데는 시간이 걸린다. '습관이 습관을 극복한다'는 토마스 아 켐피스의 말에 격려를 받으라. 새로운 기도의 습관을 들이라. 당신에게 진정 필요한 것은 끈기 있고 친절하며 확고한 지속성이다.

_〈기도〉, 리처드 포스터, 66쪽

반복이 핵심이다. 습관이 되고 존재화되기까지 새벽 순종을 반복하는 게 중요하다. 구체적으로 어떻게 반복할 수 있을까?

새벽 기상 습관화를 위한 열 가지 방법

① 수면 시간 확보하기

새벽기도의 핵심은 '기도'다. 하나님을 독대하기 위해 방해받지 않는 시간과 장소를 찾아 말씀과 찬양과 기도에 집중하는 것이다. 그러기 위해서는 수면 시간을 확보해야 한다. 그래야 새벽 기상을 꾸준히 지속할 수 있다. 무작정 잠을 줄이는 건 오히려 새벽기도를 방해할 뿐이다.

② 수면 시간에 점진적 변화 주기

수면 시간 확보를 위해 먼저 계획을 세우자.

• **목표 시간 정하기**

목표하는 '수면 시간'과 '기상 시간'을 정하자. 예를 들어 '7시간 수면, 5시 기상'이 목표인데, 현재 '12시 취침, 7시 기상' 상태라면 '10시 취침, 5시 기상'이 목표 지점이 될 것이다.

• **훈련 목표에 따른 수면 시간 변화 정하기**

목표 지점을 향해 매일 조금씩 취침과 기상 시간에 변화를 주자. 예를 들어 15분씩 앞당기기로 한다면, 다음과 같이 계획표를 세울 수 있다.

훈련 일수	취침 시간 (pm)	기상 시간 (am)
Day 1	11:45	6:45
Day 2	11:30	6:30
Day 3	11:15	6:15
Day 4	11:00	6:00
Day 5	10:45	5:45
Day 6	10:30	5:30
Day 7	10:15	5:15
Day 8	10:00	5:00

• **경영하기**

실패한 날은 원인을 분석해서 보완하며 다시 시도한다.

③ 수면 부족 상태 만들기

취침과 기상 시간을 조금씩 앞당기는 것이 가장 상식적이고 무리 없는 방법이지만, 만약 통하지 않는다면, '수면 부족'에 출발점을 두는 것도 방법이다. 바로 수면 부족 상태를 의도적으로 만드는 것이다.

첫날부터 새벽 동트기 전에 어떻게든 기상한다. 앞서 정한 목표 시간에 따르면, 5시에 일어나 버리는 거다. 그러면 수면 부족으로 하루가 엉망이 될 수 있지만, 그날부터 일찍 잠들 확률이 높다. 점진적 변화가 부드러운 방법이라면, 이건 공격적인 방법이다.

④ 6시 안에 저녁 식사 마치기

수면 전문가들은 잠자리에 들기 전 3-4시간 공복이 숙면에 도움이 된다고 말한다. 이에 따라 새벽 기상을 위해 늦어도 저녁 6시에는 식사를 마쳐야 한다. 만일 이때 저녁 식사를 하지 않으면, 야식을 찾게 되어 수면의 질을 떨어뜨리고 새벽기도에 악영향을 준다. 저녁 식사 시간을 되도록 앞당겨서 일찍 잠자리에 들고, 숙면할 수 있는 환경을 조성해야 한다.

⑤ 휴대전화 치우기

밤은 어둡다. 어둠은 수면을 돕는다. 그러나 휴대전화의 밝은 빛은 잠을 깨운다. 숙면을 위해서 잠들기 전에 전자기기에서 나오는 빛을 최대한 피하자. 휴대전화로 할 업무가 있다면 다른 시간에 미리 마무리하고, 잠들기 전에는 휴대전화를 멀리 떨어뜨려 놓는 것이 바람직하다.

⑥ 알람 믿지 않기

휴대전화 알람만으로 기상 시간을 바꿀 수는 없다. 새벽에 자는 습관이 굳어진 사람일수록 더욱 그렇다.

알람은 침대에서 멀리 있는 게 좋다. 또한 알람을 끈 후가 더 중요하다. 그다음에 할 일을 미리 준비해 두어야 한다. 예를 들어, 자기 전 알람 옆에 물을 한 컵 놓아두고, 알람을 끄면서 물 한 잔을 마시기로 다짐하거나, 치약 묻힌 칫솔을 옆에 두고 자서, 알람을 끄고 곧장 양치질을 시작해도 좋다. 각자 알람을 끈 다음 행동을 미리 정해보자.

⑦ 조력자 구하기

내 경우, 울산에 계시는 강혜숙 권사님이 새벽기도 조력자셨다. 권사님은 매일 새벽 4시 30분에 전화를 주셨다.

나는 받자마자 집 밖으로 나가서 500미터 정도 동네를 걸으며 권사님과 통화를 했다. 그러는 동안 잠이 깼고, 돌아와 세면을 했다. 이처럼 새벽 기상 조력자를 만드는 것도 좋은 방법이다.

⑧ 간단한 운동 하기

새벽에 일어나서 할 수 있는 간단한 일을 미리 계획하는 것도 습관화에 도움이 된다. 나는 가볍게 운동을 한다. 세면을 마치면, 방 입구에 설치해 놓은 철봉에 매달린다. 그러면 몸이 깬다. 스트레칭이나 산책도 좋은 방법이다.

⑨ 수면 패턴 유지하기

한국교회의 신앙 선배들은 주일에도 새벽기도를 했다. 그들은 수면 패턴에 변화를 주지 않았다. 일관성을 유지하는 것이 습관 형성에 중요하다. 주일을 포함해서 매일 같은 시간에 일어나고, 주말에도 수면 패턴을 깨지 않는 것이 지속하는 지름길이다('휴일은 늦잠 자는 날'이라는 개념이 생긴 지 불과 50년도 안 되었다. 수천 년간 '휴일=늦잠' 개념은 없었다).

⑩ 감사하고 재도전하기

새벽기도 습관화를 시도할 때 최고의 보상은 그 기쁨을 맛보는 것이다. 새벽에 하나님이 부어주시는 말씀과 은혜를 경험하는 것이다.

새벽기도를 성공할 때마다 감사하기를 반복하자. 새벽 기상 후 "감사합니다!"라고 외쳐보자. 기도하러 가는 길에도, 기도 중에도, 돌아오는 길에도 "감사합니다!"라고 하나님께 거듭 고백해 보자.

실패하는 날에는 실망하거나 포기하지 말고, 다음 날이 1일이라고 생각하자. 처음부터 다시 시작한다는 마음가짐으로 새벽기도의 의미와 유익을 떠올리며 재도전하자(매일을 첫날처럼 대해도 좋을 것이다). 도전했기에 실패한 것이니, 조금도 낙심하지 말고 다시 시도하자.

이 외에도 새벽기도 지속을 위한 다양한 방법이 있을 것이다. 중요한 건 일상이 될 때까지 반복하는 거다. 자기만의 방법을 찾아서 꾸준히 반복하면, 점차 새벽 기상 습관이 삶에 자리 잡을 것이다. 처음에는 어려울 수 있지만 한결같이 지속하다 보면 일상이 된다.

새벽 순종

새 / 벽 / 노 / 트

예수 그리스도 안에서 당신의 존재가 변화했다는 사실을 믿나요?
로마서 5장 12-21절을 소리 내어 읽으며 묵상해 봅시다.

자신이 구원받고 기도하는 존재가 되었음을 믿은 후, 새벽기도 습관화에
도전하는 것이 바른 순서입니다. 이를 확인하고, 다짐을 적어보세요.

'새벽 기상 습관화 열 가지 방법'을 삶에 적용할 실천 방안을 적어보세요.

─────○ 이 새벽, 하나님이 주신 마음을 적어보세요 ○─────

기도는 하나님을 변화시키지 않지만
기도하는 사람을 변화시킨다.

키에르케고르

무엇을 기도할까?

chapter 15

하나님을 간절히 찾기

✳

나를 사랑하는 자들이 나의 사랑을 입으며
나를 간절히 찾는 자가 나를 만날 것이니라 잠 8:17

내 영혼이 주를 갈망하여

구약성경의 원어는 히브리어다. 한글 "간절히"로 번역된
히브리어 '아솨하레카'는 '새벽'을 뜻하는 '솨하르'(שָׁחַר)에
서 나왔다. 이처럼 구약성경은 '간절함'과 '새벽'의 의미를
연결하고 있다. 그 대표적인 예가 시편 63편의 다윗의 기
도다.

하나님이여 주는 나의 하나님이시라

내가 간절히 주를 찾되

물이 없어 마르고 황폐한 땅에서

내 영혼이 주를 갈망하여

내 육체가 주를 앙모하나이다 시 63:1

다윗이 아들 압살롬에게 쫓기는 비참한 상황에서 하나
님께 드린 '새벽 찬양 기도'다. 이 기도는 물이 없어 죽어가
는 한 짐승에 관한 이야기로 시작한다.

새벽에 짐승 한 마리가 안절부절못하며 서성이고 있다.
건조하기 이를 데 없이 말라붙은 땅을 방황 중이다. 그곳
엔 물이 없어 생명도 없다. 홀로 버려져 죽음의 그림자와
싸우는 짐승의 시간은 '새벽'이다.

심한 갈증 때문에 아침 볕이 들기도 전에 쓰러질 것만 같
다. 말라붙은 목구멍에선 모래 맛이 나고, 내장은 타들어
가는 듯하다. 간절한 짐승에게 갈증은 곧 죽음이요, 물은
생명이다. 한 모금, 아니 한 방울만이라도… 이 갈증을 해
갈할 수만 있다면 어디든 갈 것이다.

다윗은 자신을 이 짐승의 처지에 비유한다. 그는 지금
하나님을 찾아 새벽을 헤매는 죄인으로서 영적 갈증으로
갈급하다.

다윗 왕의 새벽

'쇄하르 기도'는 간절한 기도다. 기도자는 극심한 갈증으로 물을 찾아 헤매는 짐승 같은 상태다. 하나님을 향한 영적 갈증 때문에 새벽에 깨어 간절히 기도한다.

다윗 왕의 쇄하르 기도를 떠올려보자. 그가 하나님이 주신 소명으로부터 멀어졌던 때가 있었다. 나단 선지자의 고발과 권면으로 죄를 회개하긴 했으나(삼하 12:1-13) 그 쓴 열매를 십자가처럼 짊어지고 하나님을 따르는 중이었다. 시편 63편에서 다윗의 십자가는 그의 아들, 압살롬의 반역 문제였다.

사람은 문제를 만나 고통을 당하면 해결하기 위해 원인을 찾는다. 하지만 다윗은 그럴 수 없었다. 그 원인이 오롯이 자기 잘못에 있었기 때문이다. 그는 자신의 비참한 처지에 대해 누구도 탓할 수 없었다. 자기 죄의 결과물이 자신을 끈질기게 추적하며 괴롭히고 있었다.

그는 사건의 원인을 다시 떠올렸을 것이다. 과거에 회개한 죄들부터 곱씹어 봤을 것이다. 그러나 문제 해결에 아무런 도움이 되지 않았다. 하나님이 이미 용서하신 잘못이었기 때문이다. 하나님이 이미 처리하신 문제였다.

그러므로 현재의 고통과 비참한 처지는 모두 하나님의

새벽 순종

손안에 있었다. 극심한 고통을 느끼지만, 뭐라 기도할지 감도 안 오는 상태, 현재의 문제를 어디서부터 어떻게 설명해야 할지도 모르겠는, 이미 하나님께서 결과까지 다 알려 주신 상태(삼하 12:7-12), 이것이 다윗 왕의 새벽이었다.

쇄하르 기도의 새벽

쇄하르 기도는 새벽기도의 내용을 여러 각도로 설명해 준다. 다음 세 가지를 차례로 짚어보자.

① 간절함으로 엎드리는 시간

쇄하르 기도는 시간상 '새벽'에 하는 기도만을 의미하지 않는다. 성경이 말씀하는 새벽이란 '2시부터 6시 사이'라는 구약적 표현이 전부가 아니다. 이는 '간절한' 시간이다. 죽음의 그림자에 쫓기며 하나님을 찾아 헤매듯 기도하는 시간이다.

② 누구에게도 할 수 없는 얘기를 하나님께 쏟아내는 시간

다윗의 쇄하르 기도를 보라. 그는 자신의 용서받은 죄의 결과에 추격당하고 있었다. 아들에게 쫓기며 싸울 수도, 안 싸울 수도 없는 비참함을 언제, 어디서, 누구에게 털어놓을 수 있었을까. 그의 마음을 잘 아는 배우자라 한들, 그 어떤 조언이나 위로를 할 수 있었을까. 당시 다윗은 침묵했을 것이다. 하나님 외에는 대화 상대가 없었을 것이다.

샤하르 기도가 보여주는 새벽의 간절함은 이런 식이다. 침묵의 언어가 하나님을 향해 강렬히 터져 나오는 기도, 사람과의 대화는 단절되고 하나님과의 대화에 집중하는 상태로 바뀌는 기도가 바로 샤하르 기도다.

③ 죽을 듯이 하나님을 찾는 시간

다윗의 샤하르 기도는 시편 전반에 걸쳐 등장한다. 다윗은 살아 있으나 죽은 것과 같았다. 문제에 겹겹이 에워싸여 하나님 외에 소망이 없는 비참한 처지가 지속됐다. 그는 자기 처지를 헤아려 달라고, 문제 해결을 놓고 주께 간청했다.

하지만 그의 샤하르 기도가 궁극적으로 향한 기도 제목은 하나님과 함께하는 것, 그분 안에 머무는 것이었다. 하나님 자체가 그의 기도 제목이었다. 이처럼 샤하르 기도는 하나님을 찾는 기도다.

벼랑 끝에서 만나는 하나님

1997년 9월, 특전사 군인들이 서해에서 수영 훈련 중이었다. 평형으로 500미터 앞에 있는 부표를 반복해서 도는 훈련이었다. 훈련생들은 맨몸 수영을 해야 했고, 조교들은 부력 보조기를 안고 훈련생들 사이사이에 위치해 있었다.

그때 한 훈련생이 체력이 고갈된 나머지, 조교의 부력 보조기를 덥석 붙잡으며 말했다.

"헉헉… 너무 힘듭니다. 죽을 것 같습니다!"

조교에게만 허락된 부력 보조기를 훈련생이 붙잡는 건 불법이었다. 조교는 그 훈련생을 떼어내어 오히려 물속에 밀어 넣으며 소리쳤다.

"그럼 죽어!"

곧 죽을 것처럼 매달리던 훈련생은 다시 물에 던져졌다. 정수리까지 빠져 코와 목구멍으로 짠물이 밀려 들어왔다. 그는 잠시 허우적대더니 "켁켁" 하며 바닷물을 토해냈다. 그리고 다시 헤엄치기 시작했다. 힘이 다 빠진 줄 알았는데, 수영할 힘이 솟구쳤다. 이때 그는 교훈을 얻었다.

'힘들면 고통을 피하려고 남의 부력기에 불법적으로 매달리게 된다. 하지만 그 힘듦을 넘어서서 죽음을 조금 들이키고 나면, 없던 힘이 어디선가 나온다. 그 힘은 자신의

무능력을 만난 후에야 나타난다.'

쇼하르 기도는 이 훈련생의 경험에 빗대어 설명할 수 있다. '힘들어 죽을 것 같다'는 생각이 드는 건 아직 살 만하다는 뜻이다. 쇼하르 기도자는 죽을 것 같다는 생각조차 할 여유가 없다. 대신 목구멍으로 밀려 들어오는 바닷물을 느끼며, 진짜 죽음 앞에서 절절한 몸부림으로 기도한다. 죽음 직전에 솟구치는 마지막 남은 신비한 힘으로 하나님께 매달린다.

새벽기도는 쇼하르 기도, 목숨을 내놓은 기도다. 죽음의 그림자를 들이키며 쏟아내는 영적 괴성이다. 실제로 새벽기도 자리에 나가면 그런 사람들이 많다.

연달아 돈을 잃고 마지막 사업까지 실패한 사실을 가족과 교회에 숨기고 있는 중년 남자, 남편의 외도를 아무에게도 말하지 못한 채 눈물만 삼키는 임산부, 스스로 목숨을 끊기 전 마지막으로 교회나 가보자고 온 독거노인, 그리고 그들 앞에서 하나님의 말씀을 전하고 기도회를 인도해야 하는 목회자.

새벽은 간절한 시간이다. 하나님 앞에서 자신의 한계를 인정하며, 스스로의 모든 노력보다 그리스도의 능력을 구하는 때다.

새벽 순종

이에 예수께서 제자들에게 이르시되

누구든지 나를 따라오려거든 자기를 부인하고

자기 십자가를 지고 나를 따를 것이니라

누구든지 제 목숨을 구원하고자 하면 잃을 것이요

누구든지 나를 위하여 제 목숨을 잃으면 찾으리라 **마 16:24,25**

죽어가는 이들은 간절하다. 살고자 하는 이는 죽어가는 새벽기도자들 축에 끼지도 못한다. 진짜 죽어가는 이들은 살려고 간절한 게 아니다. 잘 죽기 위해 간절하다.

산전수전을 다 겪고, 그 과정에서 어떤 인간적인 방법을 써도 소망이 없음을 발견한 이들이다. 그들은 살기 위해 몸부림칠 여력도 없다. 죽음이 숙명이다. 다만, 천천히 고통스럽게 죽는 것만은 피하고 싶을 뿐이다. 비참하다.

이들 앞에서 소원 성취를 위한 '탑돌이 기도'는 배부른 기도다. 아직도 바랄 게 남은 사람들이나 종교적 기도를 하지, 새벽을 깨우는 쇼하르 기도자들은 다르다. 그들은 노년의 다윗처럼 비참한 운명을 순순히 받아들인다. 비록 자의는 아닐지라도, 살다 보니 '자기 부인'에 내몰렸고, 막중한 '자기 십자가'를 짊어지게 된 이들이다.

하지만 김준곤 목사의 말처럼 하나님은 "쓰레기 더미에

서도 꽃을 피우시는 분"이다. 쇼하르, 간절함의 새벽으로 내몰린 자에게 하나님께서 물으신다.

'마지막으로 네게 남은 것이 무엇이냐?'

기도자는 한숨지으며 답한다.

'아무것도… 아무것도 없습니다.'

하나님이 한 번 더 물으신다.

'그럼 너와 대화하고 있는 나는 누구냐?'

새벽기도자의 궁극적 기도

다윗은 문제의 끝에서 결국 새벽기도자가 되었다. 소망이 다 사라진 상태에서 하나님께 쇼하르 기도를 드렸다. 다윗만이 아니었다. 얍복 강가에서도, 여리고 성벽 앞에서도 그랬다(창 32:24-28, 수 6:12,15).

살았으나 죽은 사람들이 쇼하르 기도 자리를 지켰다. 그들은 모두 죽음 앞에서 하나님을 갈망했다. 갈증으로 죽어가는 짐승이 생수를 찾듯, 하나님을 찾아 헤맸다. 그들의 기도 제목은 문제로부터의 해방이 아니었다. 하나님의 임재였다.

사선에 내몰리고 나서야, 기도자 자신과 하나님 사이에

아무것도 남아 있지 않았다. 죽음 같은 절망에 다다른 후에야, 기도의 진짜 목적이 성취되었다. 하나님만 남았다. 하나님밖에 없었다.

쇼하르 기도자는 기도의 최종 단계에 올라서 있다. 그 간절함의 대상은 자기 생명도, 문제 해결도 아니다. 하나님만 보이고, 그분만 소중하다.

쇼하르 기도, 곧 새벽기도란, 자기를 부인하고 자기 십자가를 진 사람의 기도, 하나님 외에는 소망이 없는 자의 기도, 타는 목마름으로 영적 해갈을 향해 나아가는 기도다.

그는 새벽마다 예수님을 만난다. 십자가를 받아들인 죽음의 새벽에 어느 기도자들보다 먼저 깨어 계셨던 예수님을 본다(마 26:42).

> 그는 육체에 계실 때에
> 자기를 죽음에서 능히 구원하실 이에게
> 심한 통곡과 눈물로 간구와 소원을 올렸고
> 그의 경건하심으로 말미암아 들으심을 얻었느니라 **히 5:7**

새 / 벽 / 노 / 트

쇼하르 기도란 무엇인가요? 당신의 '쇼하르 기도 제목'은 무엇인가요?

기도 자리에서 구하는 응답의 내용에, 하나님과 교제하는 것 외에는
아무것도 남지 않은 상태를 경험해 본 적이 있나요?

———◦ 이 새벽, 하나님이 주신 마음을 적어보세요 ◦———

chapter 16

소명의 완수

✳

여호와 하나님이 그 사람을 이끌어 에덴 동산에 두어
그것을 경작하며 지키게 하시고 창 2:15

소명을 위한 영적 융통성

기능은 형태의 옷을 갈아입는다. 앞서 말했듯이, 나는 5년간 '자영업자'라는 형태의 옷을 입고 목사의 기능을 수행했다. 그 시간을 설명하는 성경적 근거가 있다.

약한 자들에게 내가 약한 자와 같이 된 것은
약한 자들을 얻고자 함이요
내가 여러 사람에게 여러 모습이 된 것은
아무쪼록 몇 사람이라도 구원하고자 함이니 **고전 9:22**

바울은 결코 약자가 아니었다. 하지만 약자들에게는 약자로서 존재했다. 그 목적은 "아무쪼록 몇 사람이라도 구원하고자 함"이었다. 이것을 나는 사도 바울의 '영적 융통성'이라고 부르고 싶다.

바울은 소명의 형태에 대한 영적 융통성이 있었다. 그는 하나의 모습을 고집하지 않았다. 자신의 실력을 다 드러내지도 않았다. 오직 '제자화 타깃'에 걸맞은 형태로 존재했다. 영혼 구원을 위해서 옷을 자유자재로 갈아입었다.

성경의 모범을 따라, 나도 영혼 구원의 필요를 충족할 수만 있다면 얼마든지 영적 융통성을 발휘하고 싶다. 이것은 성경적이면서도 상식적이다. 마치 가장으로서 식구를 먹여 살리기 위해 생계 수단을 최적의 형태로 바꾸는 여느 아버지들과도 같다.

가장의 새벽 준비

소명에 대해 생각해 보자. 신적 소명은 신적 지혜를 요구한다. 소명을 수행하기 위한 지혜의 핵심은 부지런함이다(잠 20:4, 히 6:10-12).

나는 5년간 사장으로 일하며 부지런함이란 '새벽 준비'

임을 확실하게 배웠다. 아침 일과는 반드시 새벽에 준비를 마쳐야 했다. 그것이 사장의 부지런함이었다.

그렇다면 '가장'의 소명은 어떨까? 나는 목사이기 전에 아빠이며 남편이요 가장이다. 목사직엔 은퇴가 있지만, 가장의 소명엔 은퇴가 없다. 이 소명은 목사직보다 먼저 주어졌고, 더 오래 남을 소명이다(딤전 3:2,12).

가장과 목사의 소명에는 닮은 기능이 있다. 바로 '영혼 돌봄'이다. 하나님께서 내게 주신 가장의 임무는, 귀한 세 영혼, 아내와 두 딸을 영육 간에 양육하며 돌보는 것이다.

내가 책임져야 하는 세 영혼은 아침 7시에서 8시 사이에 차례로 일어난다. 이 시간에 임무가 시작된다. 사장의 일을 경험해 본 이상, 새벽 준비를 빼먹을 수 없다. 나는 그들이 일어나기 전에 새벽 준비를 한다. 하나님이 세우신 '가장 소명자'는 새벽에 어떤 준비를 할까?

소명자는 책임자다

소명자는 맡은 소명지에서 하나님의 사람의 대표성을 지닌다. 대표자에게는 최종 책임이 있다. 최초의 소명자 아담만 봐도 그렇다.

아담은 '둘이 한 몸 공동체'를 지키는 도구인 하나님의 말씀을 하와보다 먼저 받았다(창 2:16,17). 하와를 아내로 얻기 전부터 가정을 지킬 임무가 주어졌다. 아니, 아내뿐 아니라 가인과 아벨이 태어나기 전부터, 그는 하나님 앞에서 대표자로서 책임을 부여받았다. 그러나 최초의 가장은 소명 임무에 실패했다.

아담이 이르되 하나님이 주셔서 나와 함께 있게 하신 여자 그가 그 나무 열매를 내게 주므로 내가 먹었나이다 창 3:12

순순히 자기 책임을 인정하기는커녕 하와를 탓한 그는 소명자답지 않았다. 실패는 있을 수 있지만, 대표답게 자기 잘못을 인정하지 않는 모습은 무책임했다. 자기가 지켜야 했을 대상에게 책임을 전가하는 모습 어디에도 대표성은 없었다. 소명자가 대표성을 상실한 순간이었다.

책임감은 기도로 나타난다

가장의 소명을 계속 예로 들어보자. 그 역할은 사장의 역할보다 말할 수 없이 더 소중하다. 사장직은 목사의 소명을 이루기 위한 한 형태로서 일시적인 역할이었다. 그에 비해 가장의 소명은 영속적이다(창 2:24, 엡 5:30-33). 감히 사장직이 가장의 소명에 비할 바 못 된다.

이는 새벽 준비에도 같은 무게로 작용한다. 가장의 새벽 준비는 사장의 새벽 준비보다 더 중요한 업무가 부여된다.

《소명》을 쓴 오스 기니스에 따르면, 소명의 기능은 "소명자가 하나님의 하나님 되심을 발견하는" 데 있다. 이를 위해 소명자는 "소명을 주신 하나님을 통해, 자신이 받은 소명의 일을 진행할 힘과 지혜를 얻는 과정"을 거치게 된다. 다음 말씀과 같다.

너희 안에서 착한 일을 시작하신 이가
그리스도 예수의 날까지 이루실 줄을 우리는 확신하노라
빌 1:6

소명자는 소명의 일을 수행하기 위해 '소명을 주신 하나님을 의지하는 일'을 한다. 이 일의 최선은 '기도'다. 소명자의 책임감은 기도로 나타난다. 사장이 새벽 준비를 하듯, 가장의 소명도 새벽부터 하나님을 의지하는 일인 기도로 시작된다.

소명자의 네 가지 기도

소명자는 새벽에 어떤 기도를 드려야 할까? 맡은 임무를 위한 기도의 모범을 성경에서 찾아보면, 느헤미야를 빠뜨릴 수 없다. 그는 하나님께 성벽 재건의 임무를 기도로 준비했다.

느헤미야서 1장에 그의 기도문이 상세히 소개된다. 그 내용을 보면, 소명자가 무엇을 기도해야 하는지 크게 네 가지로 알 수 있다.

① 하나님 마음에 공감하는 기도

물체마다 고유의 파동이 있다. 이것은 같은 주파수의 다른 파동을 만날 때 함께 움직인다. 흔히 '공명'이라고 부르는 현상이다. 기도에도 '영적 공명'이 있다. 그것은 소명을 주신 하나님의 의도와 뜻이 소명자에게 그대로 전해져, 소명자가 하나님과 함께 움직이게 하는 힘이다.

느헤미야의 사명 기도가 그 시작을 보여준다.

내가 이 말을 듣고 앉아서 울고 수일 동안 슬퍼하며
하늘의 하나님 앞에 금식하며 기도하여 느 1:4

그는 기도를 통해 하나님 마음에 공명하는 소리를 냈다. 그의 눈물은 하나님의 마음을 품은 영적 공명 현상이었다. 소명자는 하나님이 주시는 역사 가운데, 먼저 하나님의 마음을 품고 공감하는 기도를 한다.

② 공동체를 대표하는 기도

이어서 느헤미야는 회개 기도를 드렸다. 자기 죄만이 아닌 이스라엘 민족의 죄에 대한 회개였다.

> 우리 이스라엘 자손이 주께 범죄한 죄들을 자복하오니
> 주는 귀를 기울이시며 눈을 여시사
> 종의 기도를 들으시옵소서
> 나와 내 아버지의 집이 범죄하여 느 1:6

느헤미야는 "우리 이스라엘"이라고 했다. 이스라엘을 한 공동체로 보며 회개했다. 그는 무너진 성벽을 방치했던 죄를 회개할 때, 심지어 조상의 죄까지 회개했다. 이 기도를 통해 그는 이스라엘 역사 전체의 영적 대표자로서 하나님 앞에 섰다.

③ 말씀을 상고하는 기도

또한 느헤미야는 하나님의 말씀을 반복하여 상고하며
확인하는 기도를 올렸다.

> 옛적에 주께서 주의 종 모세에게 명령하여 이르시되
>
> 만일 너희가 범죄하면 …
>
> 만일 내게로 돌아와 내 계명을 지켜 행하면 …
>
> 이들은 주께서 일찍이 큰 권능과 강한 손으로 구속하신
>
> 주의 종들이요 주의 백성이니이다 느 1:8-10

그는 소명의 내용인 성벽 건설을 곧바로 기도하지 않았
다. 소명을 주신 하나님께서 이미 주셨던 성경 말씀을 회
상하는 기도를 먼저 드렸다. 그것은 말씀에서 소명과 관
련한 하나님의 약속을 찾아서 확인하는 기도였다.

④ 간구하는 기도

끝으로 느헤미야는 간구하는 기도를 올렸다. 하나님
마음에 공감하는 영적 공명의 기도에서, 공동체를 대표하
는 회개 기도, 약속의 말씀을 상고하는 기도에 이어, 마침
내 기도 제목이 등장한다. 그것은 다름 아닌 소명을 이뤄

달라는 기도였다. 하나님께서 주신 소명을 하나님의 능력으로 이뤄달라는 간구였다.

주여 구하오니 귀를 기울이사 종의 기도와

주의 이름을 경외하기를 기뻐하는 종들의 기도를 들으시고

오늘 종이 형통하여 이 사람 앞에서 은혜를 입게 하옵소서

느 1:11

당시 느헤미야는 술 관원의 자리에 있었다. 그래서 왕에게 얼마든지 소청할 기회가 있었다. 그럼에도 그는 소명의 일이 하나님의 능력으로 이루어지길 간구했다. 기도의 자리에서 아닥사스다 왕을 "이 사람"이라고 평범히 부르는 것을 보라. 여기 소명자의 관점이 보인다. 소명이란, 소명을 주신 분의 능력으로 진행됨을 기도자는 잘 알고 있었다.

나의 소명을 위한 기도

느헤미야의 네 가지 기도 제목을 새벽기도 자리에서 가장의 소명 현장에 적용해 볼 수 있다.

Step 1. 공감하는 기도

먼저 하나님 마음에 공감하는 기도를 드린다. 하나님의 눈으로 아내와 자녀를 보게 해달라고, 나를 한 아내의 남편이자 자녀들의 아버지로 세우사 귀한 세 영혼을 맡기신 하나님의 마음을 알게 해달라고 기도한다.

Step 2. 회개 기도

그다음 개인의 회개를 넘어 가정의 대표자로서 회개 기도를 드린다. 가정에 하나님의 말씀에 부합하지 못한 모습이 있는지를 살피는 기도, 아내와 자녀들에게 하나님의 말씀대로 행하는 하루를 허락해 달라는 기도를 드린다.

Step 3. 말씀 기도

이어서 말씀을 묵상하며 기도한다. 새벽마다 성경을 읽고 묵상하며, 하나님의 말씀이 소명의 자리에(나의 경우 가정과 교회에) 이뤄지기를 기도한다.

Step 4. 간구하는 기도

끝으로 간구 기도를 드린다. 하나님의 관점으로, 그날 진행할 업무를 일일이 고하며 기도한다. 가정의 기도 제목을 하나님 말씀에 비추어 보며, 하나님 뜻대로 진행되길 간구한다.

가장의 소명은 하나의 예시일 뿐, 가지각색의 소명 현장이 있을 것이다. 단, 소명자의 기도 원리, 곧 소명자의 새벽 기도가 어떤 성격을 가졌으며, 무엇을 기도해야 하는지는 서로 통한다.

소명자는 새벽에 하나님 앞에서 맡은 일을 기도로 준비하는 사람이다. 그는 성경 속 소명자의 기도 내용을 따라 기도한다.

당신의 소명은 무엇인가? 당신의 소명지에서 하나님 마음에 공감하고, 공동체를 대표하여 회개하고, 말씀을 상고하며 간절히 부르짖는 부지런한 새벽이 지속되기를, 나도 새벽마다 기도로 응원하겠다.

새 / 벽 / 노 / 트

당신을 향한 하나님의 부르심, 소명은 무엇인가요? 돌봐야 할 영혼이
있다면 누구인가요?

소명의 책임을 다하기 위해 새벽에 무엇을 기도해야 할까요?

Step 1. 공감하는 기도

_____

Step 2. 회개 기도

_____

Step 3. 말씀 기도

_____

Step 4. 간구하는 기도

_____

───────○ 이 새벽, 하나님이 주신 마음을 적어보세요 ○───────

chapter 17

대적의 궤계 막기

＊

새벽에 모든 대제사장과 백성의 장로들이
예수를 죽이려고 함께 의논하고 마 27:1

눈에 보이지 않는 생생한 전쟁

우리는 지금 영적 전쟁 중에 있다. 잠정적 위험 상황이
아니라 실제 상황이다. 피할 수 없는 이 전쟁의 이름은 "믿
음의 선한 싸움"이다(딤전 6:12, 딤후 4:7).

이 싸움의 아군과 적군은 분명하다. 죄와 거룩 사이의
혈투, 거짓과 진리가 맞붙은 백병전, 불순종에 저항하는
순종자들의 혁명전이다. 이 싸움을 피해 갈 크리스천은 없
다. '영적 전쟁의 싸움꾼'이 당신의 소명 전투복에 붙어 있
는 명찰이다.

많은 이가 이 싸움을 무시하고 산다. 눈에 보이지 않기

에 그렇다. 하지만 보이지 않아도, 보이는 모든 것에 가장 큰 영향을 끼치는 싸움이다(고후 4:18, 히 11:1-3, 12:4). 무시하는 건 아무 도움이 안 된다. 오직 믿음으로 참전할 때 권세와 감사와 기쁨과 승리를 누릴 수 있다(롬 8:37, 고전 9:25, 15:57, 요일 5:4, 계 2:26, 3:12,21, 21:7).

우리의 순종 vs 마귀의 속임

그런데 아이러니하게도, 이기는 공식은 '싸움에서 물러나는 지혜'에 있다. 하나님의 말씀에 순종함으로 예수께 주도권을 넘길 때 이긴다. 자신이 직접 주도하려는 태도는 필패를 부를 뿐이다. 이기려면 사령관 되신 그리스도의 주도권에 순종해야 한다(요 16:33). 순종하면 이긴다(요일 4:4).

순종할 대상은 그리스도의 말씀이다. 그분의 말씀대로 순종하는 것이 승리를 확인하는 유일한 길이다.

이 순종 전략은 대적들에게 이미 잘 알려져 있다. 우리의 필승 전략이 확실한 만큼, 원수가 우리를 이기는 방법도 분명하다. 대적들의 필승 전략은 '거짓말'이다. 그들은 우리로 진리에 순종하지 못하게 하는 유일한 전략으로 거짓을 퍼뜨리기 위해 최선을 다한다. 그래서 대적자는 그 이름 조차 "거짓의 아비"다(요 8:44).

그들의 거짓말은 진실을 토대로 한다. 진실 하나의 요소가 10이면, 그중에 1 정도를 바꿔놓는 식이다. 예를 들어 진실이 흰 물감 10그램이라면, 거짓의 아비는 거기에 회색 1그램을 섞은 후 그것이 흰색이라고 주장한다.

'새벽'의 개념에 대해서도 대적자들은 거짓말을 퍼뜨려 놓았다. 마태복음 27장에 등장하는 유대인들의 새벽 회의가 그 예다.

새벽 궤계

마태복음 27장 1절에, 예수님을 죽이려는 유대인들의 회의 시간이 명시되어 있다. 아침이나 정오, 오후나 저녁이 아닌 "새벽"이었다. 이걸 보며 다음과 같은 의문이 들 수 있다.

'왜 하필 새벽이라고 기록했을까? 그저 우연이었을까?'

이에 답하기 전에, 당시 유대인들이 새벽 시간을 대하던 사고방식을 알아보자.

유대인들의 새벽

성경에는 새벽 시간을 바라보는 유대인의 관점이 등장한다. 창세기 1장에는 하나님의 창조 이야기가 쓰여 있다. 하나님은 6일간 세상을 창조하셨고, 각각의 창조물을 밤새 이 땅에 안착시키셨다(창 1:5,8,13,19,23,31). 이때 하나님은 자신의 형상대로 아담과 하와를 만드셔서 피조 세계를 다스리게 하셨다(창 1:27,28). 인간은 대리 통치자로서 하나님의 뜻대로 지상을 다스리기 시작했다.

여기서 유대인들은 새벽의 신학적 의미와 중요성을 발견했다. 하나님은 창조 사역을 저녁(밤)에 완수하셨고, 인간은 아침에 이어받아 일했다. 하나님의 창조와 인간의 다스림이 새벽에 교차되었다. 창세기의 '새벽'이란 하나님의 창조 사역과 인간의 순종 사이의 시간적 연결고리를 보여준다. 이로 인해 유대인들은 하나님의 일과 인간의 일 사이 교차점으로서 새벽을 중요시했다.

그들은 새벽을 정확히 "밤 사경"으로 불렀다(마 14:25). 현재의 시간개념으로 환산하면, 새벽 3시부터 6시 사이다(고대 유대인들에게 새벽은 2시에서 6시 사이를 의미했다. 그러다가 로마 치하 이후 로마식 시간을 따라 3시부터 6시 사이를 새벽으로 보기 시작했다). 이에 1세기 유대인들은 하나님과

새벽 순종

관련한 중요한 결정이나 사건을 새벽, 그러니까 3시에서 6시 사이에 진행했다.

새벽을 바라보는 유대인들의 관점은 성경 신학적으로 뜻깊을 뿐 아니라 옳기까지 하다. 인간 창조의 목적과 소명 의식이 담긴 관점이다. 하지만 올바른 신학으로 그른 활동을 한 게 문제였다.

예수님 당시 유대인들은 새벽에, 비밀리에, 불순종 회의를 했다. 비밀과 불순종은, 그들이 성경적으로 받아들였던 새벽 신학에 정확히 반대되는 개념이었다.

악을 꾸민 산헤드린 공회의 새벽

유대 최고 의결기구였던 산헤드린은 주로 낮 동안 공적인 회의를 열었다. 하지만 최고 리더십의 결정이 이루어지는 회의 준비는 새벽에 진행되었다. 이때는 공회원들에게 제안할 회의 안건이나 사안의 큰 맥락을 확인하는 등의 일을 했다. 말하자면, 새벽은 비공식적이고 비밀스러운 주요 사안을 다루는 시간이었다.

이런 모습은 그들이 발견한 새벽의 의미와 어울리지 않았다. 개념상 새벽은 공식적이며 분명한 시간이었다. 하나님을 간절히 찾는 쇠하르의 백성들에게 하나님께서 자신을 분명하게 계시해 주시는 시간이며, 전쟁의 패색을 확실한 승리로 바꿔주셨던 때였다.

당시 공회가 예수님을 죽이려 했던 이유는 다름 아닌 "시기"해서였다(마 27:18). 이는 드러나서는 안 될 진실이었다. 비공식적이어야 했다. 만약 유대 백성들에게 예수님을 사형시키는 진짜 이유가 알려진다면, 산헤드린 공회원들의 위신은 땅에 떨어질 게 분명했다. 이 사실을 다른 누구보다 본인들이 더 잘 알고 있었다. 그래서 공회는 더더욱 새벽 회의를 소집했다.

말씀을 따른다고 자처하던 그들은 성경적 새벽의 개념을 뒤틀고 있었다. 본래 의미대로라면, 그들은 새벽에 모인 것 자체로 하나님의 뜻을 여쭙고, 자신을 부인하고, 말씀에 비추어 의결했어야 했다. 하지만 새벽을 자신들의 어둠을 강화하기 위한 용도로 바꾸어 썼다. 회개하는 대신 불순종의 구체적 실행안을 논의했다. 창조주 하나님을 경외하는 시간인 새벽을 하나님을 대적하는 시간으로 바꾸었다. 그들은 하나님을 전혀 두려워하지 않았다(롬 3:18).

만약 새벽의 진실(말씀을 펼치고 기도하며, 자신들의 시기심을 회개하는 새벽)을 있는 그대로 받아들였다면, 살았을 것이다. 하지만 그들은 새벽을 새벽에 잃었다.

새벽 순종

로마의 정치적 통제에 순응한 새벽

사복음서의 맥락상, 예수님의 체포와 재판은 공회원들에게 비공식적이고 비밀스러운 일이었다.

그날 새벽까지, 공회는 고집스러웠다. 예수님을 죽이기로 이미 확정했고, 그 새벽에도 번복은 없었다. 그들은 다만 대중이 어떻게 반응할지 몰라 눈치를 보며 비밀리에 새벽 회의를 소집했다. 예수님을 잡아 죽이는 시기를 정하는 문제만 남은 상황에서 새벽의 본래 의미는 온데간데없었다. 그저 몰래 죄짓는 심정으로 조마조마했다.

하나님께 창조의 일을 이어받은 소명자들이 하나님을 거스르는 일을 하려니 모든 게 비밀스러웠다. 대낮에 공개적으로 '예수 체포'가 이뤄지게 둘 수는 없는 노릇이었다.

이에 공회원들은 새벽을 적극 악용했다. 이날 새벽은 하나님의 창조 업무를 이어받아 실행하는 것과는 무관했다. 대신 시기심을 유지하며 고집스런 악의(惡意)를 몰래 실행하는 새벽이었다. 그리스도를 처형하기 위한 새벽, 비밀 체포 작전 회의를 위한 새벽, 비밀 유지를 위한 새벽… 변질된 새벽이었다.

한편 새벽 시간의 중요성은 유대인만 갖고 있던 게 아니었다. 역사 기록에 의하면, 로마의 정치 리더십도 새벽을 중시했다. 비록 근거는 달라도, 그들 역시 핵심 업무를 새벽에 진행했다. 그날 새벽, 산헤드린 공회는 로마 권력자의 눈치를 보았다. 당시 유대 지방은 로마 제국의 통치 아래 있었다. 유대 지도자들은 로마 총독의 허가 없이 사형을 집행할 수 없었다. 예수님을 사형시키기 위해서는 로마 총독 본디오 빌라도의 승인이 필요했다.

총독은 일반적으로 새벽에 업무를 시작했다. 유대 지도자들이 새벽에 예수님을 빌라도에게 넘기려는 계획을 세운 것은 타이밍을 노린 전략적 움직임이기도 했다. 그들은 하나님의 말씀을 듣고 하나님의 일을 해야 하는 새벽을 세상 권력자의 눈치를 보는 새벽으로 전락시키고 말았다.

유월절의 의미를 실추시킨 새벽

또한 공회의 새벽은 유월절 절기 본연의 의미를 저버리는 새벽이었다. 예수님의 체포와 재판은 유월절 준비 기간 동안 이루어졌다. 유월절은 하나님의 구원이신 그리스도를 상징하는 명절이었다. 신앙 수준을 떠나 유대인에게는 남녀노소 불문하고 매우 중요한 명절이었다.

심지어 세계 곳곳에서 수많은 순례객이 예루살렘에 모여 함께 하나님을 예배하는 절기였다. 하나님의 구원과 메시

새벽 순종

아의 도래를 소원하는 찬양과 기도를 올리고, 말씀을 낭독했다.

그러나 산헤드린 공회는 이 유월절의 의도를 모두 저버렸다. 지도자들은 유월절 전에 예수님을 잡아들이려 급박하게 움직였다. 새벽 회의 소집은 그 긴급성을 나타내는 조치였다. 공회는 자신들의 정치적 음모와 비밀 유지를 위해 새벽을 악용했을 뿐 아니라 유월절까지 오염시켰다. 비공식적이고 비밀스럽게 이루어진 예수님의 체포와 재판은 겹겹이 기획된 궤계였다.

유월절의 성경적 의미 따위는 공회의 안중에 없었다. 그들 안에는 예수님의 인기에 대한 시기심, 그리고 예수님을 체포하고 재판할 때 예상되는 민중의 폭동에 대한 염려로 가득했다.

마귀도 부지런하다

마태복음 27장 1절에서 새벽에 회의가 열린 것은 단순히 시간대만 지칭하는 것이 아니다. 그들의 새벽 회의는 당시의 종교적, 정치적, 사회적 맥락을 반영한 것이었다.

새벽 시간에 대한 그들의 신학적 개념은 옳고도 아름다

웠으나, 그 시간을 자신들의 검은 의도를 실행하기 위해 악용하는 모습은 악했다.

당시 공회는 예수님을 잡아 죽이는 궤계를 '새벽에' 내놓았다. 그들의 새벽 모임에는 민중의 반발을 최소화하고, 로마 총독과의 협의를 신속하게 진행하며, 유월절 전에 사건을 종결하기 위한 계산이 숨어 있었다.

우리는 기억해야 한다. '예수 반대자들' 역시 새벽에 모였음을. 예수님을 거스르는 새벽에 대한 이 기록은 '대적들 역시 새벽에 일한다'는 경고장과도 같다. 악한 마귀 사단과 그 졸개들은 우리보다 부지런하다. 아침에 진행할 어둠의 일을 새벽부터 준비한다. 발 빠르게 물밑에서 움직인다.

우리가 평소처럼 일어나 하루를 시작하는 시점에 마귀의 궤계는 이미 모든 준비를 마치고 우리를 불화살로 조준하고 있다. 이에 대처해야 한다. 대적들의 무기인 부지런함에 우리도 부지런함으로 맞서야 한다.

새벽에 일어나, 거짓 궤계를 간파하는 진리의 말씀을 기도로 붙들자. 영적 전쟁의 필승 전략인 '말씀 순종'을 새벽에 단단히 준비해 두어야 한다.

새벽 순종

새 / 벽 / 노 / 트

당신에게 새벽이란 하나님의 말씀 앞에 자신을 드러내는 기도의
시간인가요? 아니면 어떤 용도로 새벽을 사용하고 있나요?

새벽을 본래의 성경적 의미대로 사용하려면, 삶에 어떤 변화와 노력이
필요할까요?

─────────○ 이 새벽, 하나님이 주신 마음을 적어보세요 ○─────────

chapter 18

말씀의 검 벼리기

✳

주의 말씀을 조용히 읊조리려고
내가 새벽녘에 눈을 떴나이다 시 119:148

여러분은 예수 제자 아니셔요?

'1995년'은 내 인생의 소명을 받은 특별한 해다. 그해 6월 말, 나는 몽산포 앞바다에서 고 김준곤 목사의 설교를 듣고 있었다. 설교자는 그의 복음 간증으로 설교를 시작했다. 한국전쟁 때 죽다 살아난 이야기 그리고 예수님 안에서 어떻게 죽고 다시 태어났는지에 대한 이야기였다.

그와 동행하신 예수님 이야기에, 나는 시간 가는 줄 모르고 울고 웃었다. 설교는 어느새 마태복음 10장과 사도행전 1장으로 넘어갔다. 예수께서 제자들을 파송하신 이야기와 성령님을 보내주신 이야기.

그렇게 2시간쯤 지나 설교가 마태복음 마지막 세 구절의 명령에 이르렀다.

예수께서 나아와 말씀하여 이르시되

하늘과 땅의 모든 권세를 내게 주셨으니

그러므로 너희는 가서 모든 민족을 제자로 삼아

아버지와 아들과 성령의 이름으로 세례를 베풀고

내가 너희에게 분부한 모든 것을 가르쳐 지키게 하라

볼지어다 내가 세상 끝날까지

너희와 항상 함께 있으리라 하시니라 마 28:18-20

이 세 구절의 의미를 설명한 뒤, 설교자는 목이 쉬도록 외쳤다.

"순종이 어찌 목사나 선교사만의 전유물이겠어요! 여러분은 예수 제자 아니셔요? 여러분은 이 명령을 들으셨어요. 이미 들었는데, 이제 어떻게 하실 거예요? 어쩌실 거예요? 예수 제자로 순종해야지요. 말씀의 명령대로 이행해야지요. 세계 복음화의 일을 하셔야지요!"

설교 막바지에 나는 전율을 느꼈다. 성령께서 설교자를 통해 내게 외치시는 것만 같았다. 그때였다. 다른 위대한 누군가가 해낼 줄 알았던 세계 복음화의 비전이 내 안에 쑥 들어왔다. 그 순간, 성경 말씀에 순종하며 살아가는 게 인생에서 가장 가치 있는 일임을 진실로 믿게 되었다.

그중에서도, 예수님의 지상 대위임령은 말씀 명령의 절정이었다. 이에 순종하고 싶었고, 순종을 위해 뜨겁게 기도하고 싶었다.

설교자가 청중을 향해 이렇게 기도 도전을 했다.

"순종하실 분은 앞으로 나오서요. 세계 복음화에 동참할 분들은 이리 나와서 기도하서요!"

벌떡 일어나 뛰어나갔다. 6천여 청년들이 파도처럼 일렁이며 함께 부르짖어 기도했다. 천둥소리가 따로 없었다.

기도로 말씀을 벼리라

사역 중 영적 전쟁에 패배할 것 같을 때, 나는 두 가지를 한다. 하나는 기도하며 성경을 처음부터 끝까지 다시 읽는 것이고, 다른 하나는 1995년을 기억하는 것이다.

이때 기억을 돕기 위해 김준곤 목사의 책들을 하나씩 꺼내 본다. 특히《기도의 비상사태》를 여러 번 읽는다. 그 책에서 저자는 다음과 같이 말한다.

예수님의 사역을 나뭇가지와 나뭇잎과 꽃과 열매로 비유한다면, 예수님이 하나님 아버지와 만나 둘이서 한적하게 지냈던 시간은 땅에 묻혀 있는 뿌리에 비유할 수 있을 것 같습니다. 크리스천의 생활이란 곧 말씀 안에 거한다는 뜻입니다. 말씀 생활은 기도와 믿음으로 해야 하고 성령으로 도움을 받아야 합니다. … 기도가 없이 성경을 공부하는 것은 의미가 없습니다. … 성경을 공부할 때는 기도하는 자세를 가져야 합니다. … 기도와 믿음으로 파면 물이 나오고 불이 일어납니다.

이처럼 말씀은 기도와 연결되어 있다. 말씀의 진정한 저자이신 성령 하나님과 기도로 대화하는 것이 말씀 읽기의 방법이자 핵심이다. 말씀 묵상과 연구 역시 기도로 진행할 때, 그 능력이 드러난다. 기도를 통할 때라야 말씀의 저자이신 성령님의 가르치심과 깨닫게 하심을 경험할 수 있다.

우리는 앞서 영적 전쟁의 필승 전략이 '하나님의 말씀에 순종하는 것'임을 배웠다. 진리의 말씀을 붙들 때 대적들의 새벽 궤계를 물리칠 수 있다. 우리는 영적 전쟁에 출정하며 말씀의 검을 받았다(엡 6:17). 말씀만이 우리의 항전(抗戰) 무기다.

크리스천은 새벽에 말씀의 검을 벼린다. 기도 숫돌로 깨끗하고 날카롭게 단련한다.

세상 습관 버리고 새벽을 깨우라

앞 장의 내용을 떠올려보자. 대적들은 새벽부터 부지런히 거짓을 퍼뜨릴 준비를 한다. 우리의 새벽은 어떤가? 솔직히 게으르다. 새벽 기도보다 새벽잠을 당연하게 여긴다.

이유는 단순하다. 세상에 물든 습관을 고집하기 때문이다. 우리는 주로 밤늦게까지 깨어 있는 데 익숙하다. 그러나 밤에 깨어 있고, 새벽에 자는 습관은 비성경적이다. 그런데도 별생각 없이 이 습관에 물들어 있다. 이유가 무엇이든, 이 습관을 바꾸지 않으면, 새벽은 육적 잠뿐 아니라 영적으로도 잠들어 있는 시간이 되고 만다.

새벽의 중요성을 생각할 때, 우리는 새벽 중심 스케줄로 일상을 재배열하는 수고를 기꺼이 감내해야 한다. 대가를 지불하고라도 새벽에 깨어 기도해야 한다. 그래야 새벽 궤계에 항전하는 말씀의 힘을 기를 수 있다.

하늘 양식이 임하는 새벽

예수님이 곧 말씀이시다(요 1:14). 그분은 자신을 "생명의 떡"이라고 부르셨다. 여기에는 세 가지 함의가 있다.

1. 말씀이 생명이다.
2. 우리는 예수님을 매일 섭취해야 한다.
3. 말씀을 매일 받아먹어야 한다.

"생명의 떡"에 관한 말씀을 하실 때, 예수님은 출애굽 백성에게 주셨던 하늘 양식에 비교하셨다.

내가 곧 생명의 떡이니라 너희 조상들은 광야에서
만나를 먹었어도 죽었거니와 이는 하늘에서 내려오는 떡이니
사람으로 하여금 먹고 죽지 아니하게 하는 것이니라

요 6:48-50

예수님이 생명의 떡이시면, 우리는 예수님을 섭취해야 산다. 이것은 실제로 예수님의 살을 뜯어 먹으라는 말이 아니다. 그 영적 의미를 출애굽기의 만나 이야기를 통해 알수 있다. 과거 하늘로부터 땅에 내렸던 양식, 만나의 목적

이 성경에 나온다.

이스라엘 백성이 먹는 문제로 하나님께 불평했을 때, 하나님은 모세에게 만나를 약속하셨다. 그리고 말씀하셨다.

이같이 하여 그들이 내 율법을 준행하나 아니하나

내가 시험하리라 **출 16:4**

만나를 새벽마다 내려주셨던 이유는 단순히 "옛다! 떡이나 먹어라!"가 아니었다. 하나님은 이스라엘의 원망을 보시며 신앙 훈련을 기획하셨다. 바로 '새벽 만나'를 통해서.

백성들의 원망은 거짓이었다. 하나님이 그들을 애굽에서 탈출시키셨고, 홍해에서도 건지셨고, 광야에서도 살리셨다. 하나님이 모든 구원을 행하셨다. 그럼에도 그들은 구원자를 쉽게 잊었다. 감사해도 모자란 마당에 원망을 퍼부었다(출 16:3).

망각의 이유는 염려였다. 단순히 먹을 것에 대한 염려로 구원자를 잊었다. 먹을 걸 염려하는 건 가벼운 문제였지만, 구원자를 망각하는 건 중대한 문제였다. 그런데 이 둘을 바꿔 먹었다. 에서가 팥죽 한 그릇으로 그 소중하고 가치로운 장자권을 팔아버린 것과 같은 맥락이었다. 이스라엘 백성 역시 구원의 은혜를 고작 염려 한 그릇에 바꿔 먹었다. 하나님 자녀의 권세를 "가볍게 여겼다"(창 25:34).

이에 하나님은 이스라엘을 버리는 대신 시험하기로 하셨다. 매일 새벽, 하늘로부터 만나를 주셔서 하나님의 말씀을 따라 거두도록 훈련하셨다.

말씀이신 예수님은 자신을 만나에 비유하여 생명의 양식으로 우리에게 보이셨다. 새벽 만나를 기억할 때, 우리는 새벽에 임하는 예수님의 말씀 앞으로 나가지 않을 수 없다. 그때나 지금이나 원리는 똑같다. 하늘 양식은 지금도 매일 임한다. 하나님께서는 우리가 어떻게 순종하는지를 지켜보고 계신다.

새벽 말씀과 기도, 이것은 예수님 안에서 하나님의 자녀됨의 중요성을 잊고 사는 우리에게 주시는 시험이자 은혜의 훈련이다.

그때에 여호와께서 모세에게 이르시되

보라 내가 너희를 위하여 하늘에서 양식을 비같이 내리리니

백성이 나가서 일용할 것을 날마다 거둘 것이라

이같이 하여 그들이 내 율법을 준행하나 아니하나

내가 시험하리라 출 16:4

새 / 벽 / 노 / 트

당신은 기도와 말씀 생활을 어떻게 하고 있나요?

당신의 새벽은 말씀으로 가득한가요? 아니라면, 새벽에 말씀을 보며
기도하는 일에 방해가 되는 습관은 무엇인가요?

새벽 순종을 중심으로 일상을 재배열하기 위해 어떤 대가를 치러야
할까요?

─────────○ 이 새벽, 하나님이 주신 마음을 적어보세요 ○─────────

chapter 19

승리의 노래 부르기

✳

비파야, 수금아, 깰지어다
내가 새벽을 깨우리로다 시 108:2

주酒사랑 vs 주主사랑

대학에 입학하고 가장 놀랐던 건, 수많은 술자리였다. 학년별, 모임별로 거의 매일 술자리가 열려 신입생들은 이리저리 불려 다녔다. 20대 청년들이 매일 밤 술판을 벌일 줄 상상도 못 했던 나는, 그들을 위해 기도하기 시작했다.

내가 입학한 학과에는 그 술판을 경영하는 동아리가 있었다. 이름하여 '주酒(술)사랑.' 크리스천 선배들은 이들을 타깃으로 복음을 전하기 위해 '주主사랑'(예수님을 주인으로 모시는 사람들) 동아리를 만들었다. 주主사랑 동아리원들은 의도적으로 주酒사랑이 주도하는 술자리에 참석해서 복음을 전했다. 이때 복음을 전하는 전략은 '노래'였다. 다른 건 몰라도, 술판은 노래 친화적인 자리였기 때문이다. 술 시중을 들면서 함께 노래하는 것이 복음을 전하는 가장 쉬운 방법이었다.

주主사랑은 팀을 짜서 술자리마다 전도자들을 보냈다. 파송(?)된 청년들은 술자리에서 당시 유행하던 김광석의 노래를 먼저 불렀다. 그러면 취기 오른 청년들이 함께 노래했다. 잔이 몇 바퀴 돌고 취기가 더 올랐을 때, 주主사랑 청년들은 찬양을 부르기 시작했다.

제일 먼저, 불신자들도 잘 아는 찬양인 〈실로암〉을 불렀다. 다음으로 주일학교 찬양과 찬송가를 불렀다. 그러면 어린 시절 교회에 다니다가 커서는 하나님을 떠나 살던 이들이 기억 저편에 잠들어 있던 익숙한 찬양을 따라 불렀다. 노래와 함께 술자리는 이어졌다. 그리고 취기가 더 오르면, 하나둘 속 이야기를 꺼내기 시작했다.

주主사랑 청년들은 주酒사랑 청년들을 상담해 주며 복음을 전했다. 기도도 해주었다. 그렇게 새벽까지 이어지던 주酒사랑의 노래는 주主사랑의 노래로 바뀌었다.

나는 술집에서 술기운과 성령의 역사가 둘 다 노래로 나타나는 것을 보았다. 복음이 승리하는 노래를 똑똑히 들

었다. 술집에서 얻은 결신자들을 집에 데려다주고 돌아오
던 새벽 거리에는 승리의 노래가 가득했다.

찬양이란 무엇인가?

마틴 로이드 존스 목사는 "성령으로 충만한 찬송"이라
는 설교에서, 성경이 찬양을 술 취한 상태에 비유해서 설명
하는 부분에 주목했다. 그는 '찬양'을 이렇게 정의했다.

찬양이란, 마치 술에 취한 자의 노래에 특정 형식이 없는 것
과 비슷한 것이다. 그가 술기운에 의해 자연스러운 흥얼거
림의 노래를 부르듯, 찬양이란 "성령의 감동된 마음에서 자
연스럽게 터져 나오는 표현"이다.

_《성경적 찬양》, 마틴 로이드 존스, 지평서원, 17-30쪽

성경이 말씀하는 찬양이란, 하나님께 드리는 경배와 감
사의 표현이다(시 100:4). 이것은 특정한 형태가 없다. 노
래만을 의미하는 것도 아니다. 오히려 노래뿐 아니라(시
63:3, 145:3) 감사의 마음(시 108:1-3), 악기 소리(시 150:1-6,
대하 23:13), 손뼉(시 47:1), 영혼의 노래(시 103:1), 마음 드림

(시 9:1), 지혜의 시(시 47:7) 등 온갖 방법이 다 찬양의 형태가 된다. 물론 기도 역시 찬양의 한 형태다. 다윗의 시편 대부분이 기도 내용을 담고 있는 것도 이 때문이다.

이처럼 찬양은 다양한 형태가 있는데, 이때 중요한 것은 '성령에 취한 상태' 즉, 성령충만이다. 성령충만이 중심에 있다면, 기도도 찬양으로 올려 드리는 신앙 행위가 될 수 있다.

언제 성령충만한 노래를 부르는가?

어떻게 성령충만이 우리에게 가능해졌는가? 바로 예수 그리스도의 승리로 인해서다. 베드로 사도는 성령 강림이 있었던 오순절 직후, 성령을 받는 법에 대해 이렇게 선포했다.

베드로가 이르되 너희가 회개하여

각각 예수 그리스도의 이름으로

세례를 받고 죄 사함을 받으라

그리하면 성령의 선물을 받으리니 행 2:38

이 구절의 핵심은 두 가지다.

1. 회개와 죄 사함은 예수 그리스도의 이름으로 이루어진다.
2. 이것은 예수가 그리스도, 구원자시라는 믿음이 있을 때만 가능하다.

베드로가 말한 성령을 받는 조건은 '회개'와 '믿음'이다. 이 두 가지는 예수 그리스도의 승리를 확정 지으며, 그 결과로 성령의 선물을 가져다준다.

우리도 베드로의 선포와 같은 방법으로 성령을 받았다. 예수님의 이름을 믿고, 회개하여, 죄 사함을 얻었다. 그로부터 성경의 약속대로 성령님을 선물로 받았다.

이후 우리는 최초의 회개와 믿음에 걸맞은 삶을 살아야 한다. 만약 그로부터 멀어졌다면, 다시 회개와 믿음을 반복해야 한다. 그때 성령충만이 회복된다. 오직 회개와 믿음으로만 성령충만을 누릴 수 있다.

술에 취한 사람은 술기운으로 노래를 흥얼거리지만, 성령충만한 사람은 성령의 감동으로 노래한다(엡 5:18,19). 이 노래의 출처와 핵심은 예수 그리스도의 승리에 있다.

주께서 사망 권세를 이기시고, 우리를 위한 부활의 첫 열매가 되셨다. 우리는 그분의 승리와 함께 이긴 자가 되었고, 그분의 승리에 취해 승리를 노래하는 자들이 되었다.

승리의 노래를 불렀던 새벽

성령충만한 사람의 새벽은 성령의 노래로 가득하다. 그는 새벽마다 예수 그리스도께서 주신 승리를 찬양한다. 성경 속 승리의 노래들이 그랬다. 하나님이 주신 탁월한 승리 앞에서 하나님의 사람들이 불렀던 찬양을 보라.

홍해를 건넌 모세와 이스라엘 백성의 노래(출 15:1-18), 드보라와 바락의 노래(삿 5:1-31), 사무엘을 얻은 후 부른 한나의 노래(삼상 2:1-10), 언약궤를 옮긴 다윗의 노래(대상 16:7-36), 회복되어 불렀던 히스기야의 노래(사 38:9-20), 마리아의 노래(눅 1:46-55). 모두 하나님이 주신 특별한 은혜에 취해, 자연스럽게 터져 나온 승리의 노래였다.

이러한 노래는 하나같이 새벽의 신학적 의미와 연결된다. 하나님이 주신 승리를 이어받아, 하나님의 사람들이 새로 시작하는 '순종의 교차점'에서 부른 노래였다.

그중에서도 물리적 시간이 "새벽"으로 명시된 기록이 출애굽기에 등장한다. 이때 성경은 승리가 언제 확정되었는지를 특정하고 있다.

모세가 곧 손을 바다 위로 내밀매
새벽이 되어 바다의 힘이 회복된지라

새벽 순종

애굽 사람들이 물을 거슬러 도망하나

여호와께서 애굽 사람들을 바다 가운데 엎으시니 출 14:27

이 사건은 물리적으로만이 아니라 영적으로도 이스라엘의 새로운 출발점인 새벽이 되었다. 홍해에서 목격한 '새벽 승리'를 시작으로 그들은 본격적인 구원 여정에 돌입했다. 새벽에 울려 퍼졌던 승리의 노래로부터 40년간 믿음의 싸움이 이어졌다.

그 의미로 보면, 드보라와 바락이 가나안 군대를 물리친 후 부른 승리의 노래도, 한나, 다윗, 히스기야가 부른 환희의 찬양도 모두 새벽의 신학적 의미와 연결된다. 이는 하나님의 구원 사역의 끝과 하나님의 사람의 새로운 시작 사이에서 진행되었다.

하나님이 이미 이겨놓으셨다. 하나님의 백성은 그로부터 하나님이 주신 승리의 목적에 맞게 순종의 여정을 걸어간다. 이것은 마치 하루를 시작하기 전 새벽에 하나님이 주신 승리를 먼저 맛보는 기도자의 삶과 같다. 그는 새벽 승리를 확인하며 찬양한다. 거기서부터 하루의 순종이 시작된다.

새벽은 말씀과 기도의 시간일 뿐 아니라 찬양의 시간이

다. 하나님의 구원하심에 감사하며 승리의 찬양을 올려드리는 시간이다. 이는 성령으로만 가능하다.

새벽 찬양의 네 가지 힘

새벽은 성령님의 주도 아래 노래하는 시간이다. 시편 저자는 새벽을 찬양으로 깨운다고 표현했다(시 108:2).

성경은 기도와 찬양을 밀접하게 연결한다(행 16:25, 약 5:13). 그런데 기도와 찬양은 '감사'라는 주제로 연결되어 있다(빌 4:6, 골 3:16, 엡 5:19,20). 성경에 등장하는 노래는 대부분 기도와 감사를 함께 말한다. 하나님을 향한 감사와 찬양이 새벽기도의 주 내용이 된다.

이런 새벽에는 네 가지 힘이 있다.

① 영적 전투를 대비하는 힘

그리스도께서 이미 당신에게 구원의 승리를 주셨다. 이것은 전적으로 그리스도의 사역이다. 이로 인해 당신이 새벽을 찬양으로 깨울 때, 하루 동안 마주할 영적 도전에 맞서고 이기는 데 필요한 영적 힘과 인내를 갖추게 된다.

새벽 순종

② 영적 전투에서 승리하는 힘

예수님은 말씀으로 대적을 물리치셨다(눅 4:1-12). 새벽에 말씀 되신 그리스도의 승리를 찬양으로 확인하는 것은 큰 능력이 된다. 이러한 노래로 새벽을 깨우는 것은 단순한 전통이 아니다. 어둠의 세력을 무장 해제하고, 당신을 '그리스도의 말씀 승리'에 일치시키며, 성령님의 개입을 확인하게 한다. 새벽 찬양은 영적 전투에서 승리하게 하는 강력한 전략이다.

③ 영적 요새를 구축하는 힘

찬양과 기도는 곧 예배다. 하나님께 드리는 신앙고백이자, 하나님이 하신 일을 확인하는 행위이며, 하나님께 집중하고 몰입하는 시간이다. 예배에서 가장 중요한 건 하나님이시다. 예배자 자신은 중요하지 않다.

새벽에 하나님을 찬양하고 기도하는 행위는 예배와 영적 맥락을 같이한다. 예배로 준비된 새벽은 대적들의 영향력을 차단하고, 하나님께 집중한 채로 하루를 영적인 분위기로 시작하게 한다. 새벽 찬양과 기도는 당신이 영적 전쟁에 굳건히 맞서도록 힘을 주는 성령의 임재의 요새를 만든다.

④ 영적 지배권을 갖는 힘

하나님의 말씀에 능력이 있다. 심지어 온 우주가 그분의 말씀으로 생겨났다. 하나님은 우리를 그분의 형상대로 만드셨다. 그래서 우리의 말에도 창조의 능력이 깃들어 있다. 그리스도의 구원 사역은 죄로 망가진 인류를 향한 하나님의 새로운 창조 사역이다. 그 구원 사역을 하나님께서 우리로 이어받게 하셨다.

우리는 그리스도 안에서 매일 새로워진다는 복음적 진실을 자신의 존재로 받아들이는 순종을 한다. 또한 복음을 진정성 있는 말과 행동으로 전한다. 우리는 이런 식으로 그리스도 안에서 하나님의 새 창조 사역을 이어받는다.

창조 사역을 물려받은 기도자의 일상에는 힘이 있다. 새벽에 일어나 그리스도께서 이루신 구원의 승리를 감사하며 찬양하는 것은 그날의 일상으로 전이된다. 새벽 찬양을 통해 하루를 향한 신앙 선포를 한다. 그 선포에는 새 창조의 능력이 담겨 있다.

당신의 삶을 향한 하나님의 주권을 새벽에 선포하라. 매일 하라. 이로써 그날의 영적 갈등에서 승리하는 영적 지배권을 선점하게 될 것이다.

새벽 순종

새 / 벽 / 노 / 트

당신은 하루의 시작 전에, 그날의 싸움에 대한 그리스도의 승리를
선포하나요? 그러지 못하고 있다면, 장애물이 무엇인가요?

당신의 삶과 환경에 대한 하나님의 주권을 새벽 찬양으로 선포한다면,
어떤 노랫말이나 찬양이 떠오르나요?

───────○ 이 새벽, 하나님이 주신 마음을 적어보세요 ○───────

새벽 순종

초판 1쇄 발행	2024년 9월 9일
초판 3쇄 발행	2024년 10월 7일

지은이 송준기

펴낸이 여진구
책임편집 김아진 정아혜
편집 이영주 박소영 최현수 안수경 김도연
책임디자인 마영애 | 노지현 조은혜 이하은
홍보 · 외서 진효지
마케팅 김상순 강성민   **마케팅지원** 최영배 정나영
제작 조영석 허병용   **경영지원** 김혜경 김경희

303비전성경암송학교 유니게 과정
이슬비전도학교 / 303비전성경암송학교 / 303비전꿈나무장학회

펴낸곳 규장

주소 06770 서울시 서초구 매헌로 16길 20(양재2동) 규장선교센터
전화 02)578-0003 팩스 02)578-7332
이메일 kyujang0691@gmail.com
페이스북 facebook.com/kyujangbook   홈페이지 www.kyujang.com
카카오스토리 story.kakao.com/kyujangbook   인스타그램 instagram.com/kyujang_com
등록일 1978.8.14. 제1-22

ⓒ 저자와의 협약 아래 인지는 생략되었습니다.
이 출판물은 저작권법에 의해 보호를 받는 저작물이므로 무단 전재와 무단 복제를 할 수 없습니다.

책값 뒤표지에 있습니다.
ISBN 979-11-6504-558-6 03230

규 | 장 | 수 | 칙

1. 기도로 기획하고 기도로 제작한다.
2. 오직 그리스도의 성품을 사모하는 독자가 원하고 필요로 하는 책만을 출판한다.
3. 한 활자 한 문장에 온 정성을 쏟는다.
4. 성실과 정확을 생명으로 삼고 일한다.
5. 긍정적이며 적극적인 신앙과 신행일치에의 안내자의 사명을 다한다.
6. 충고와 조언을 항상 감사로 경청한다.
7. 지상목표는 문서선교에 있다.

＊

저녁이 되고 아침이 되니
이는 첫째 날이니라

창 1:5